APOSENTADORIA ESPECIAL
DO SERVIDOR

WLADIMIR NOVAES MARTINEZ
Advogado especialista em Direito Previdenciário

APOSENTADORIA ESPECIAL DO SERVIDOR

LTr 75

LTr EDITORA LTDA.

© Todos os direitos reservados

Rua Jaguaribe, 571
CEP 01224-001
São Paulo, SP — Brasil

Fone (11) 2167-1101

Produção Gráfica e Editoração Eletrônica: RLUX
Projeto de capa: FÁBIO GIGLIO
Impressão: BARTIRA GRÁFICA E EDITORA
LTr 4377.3
Abril, 2011

Visite nosso site
www.ltr.com.br

Dados Internacionais de Catalogação na Publicação (CIP)
(Câmara Brasileira do Livro, SP, Brasil)

Martinez, Wladimir Novaes
   Aposentadoria especial do servidor / Wladimir Novaes Martinez. — São Paulo : LTr, 2011.

   Bibliografia.
   ISBN 978-85-361-1696-9

   1. Aposentadoria — Brasil I. Título.

11-01413   CDU-34:331.25(81)

Índice para catálogo sistemático:

1. Brasil : Aposentadoria especial : Direito do trabalho   34:331.25(81)

ÍNDICE

Apresentação do tema	7
Capítulo 1. Fontes formais	9
Capítulo 2. Remissão ao art. 40, § 12	16
Capítulo 3. Requisitos básicos	19
Capítulo 4. Polos da relação jurídica	22
Capítulo 5. Servidores abrangidos	24
Capítulo 6. Natureza jurídica	27
Capítulo 7. Conversão de tempo especial	29
Capítulo 8. Contagem recíproca	32
Capítulo 9. Tempo anterior a 1980	36
Capítulo 10. Múltipla atividade	37
Capítulo 11. Tipos de atividades	42
Capítulo 12. Agentes nocivos	46
Capítulo 13. Agente ruído	49
Capítulo 14. Períodos especiais	55
Capítulo 15. Início dos pagamentos	58
Capítulo 16. Níveis de tolerância	61
Capítulo 17. Habitualidade e permanência	64
Capítulo 18. Tecnologia de proteção	69
Capítulo 19. Meios de prova	73
Capítulo 20. Laudo técnico	80
Capítulo 21. Perfil profissiográfico	85
Capítulo 22. Declarações trabalhistas	89
Capítulo 23. Demissão do aposentado	91
Capítulo 24. Abono de permanência	94
Capítulo 25. Dinâmica da concessão	95
Capítulo 26. Direito de categoria	99
Capítulo 27. Reajustamento dos proventos	102

Capítulo 28. Justiça competente	106
Capítulo 29. Presunções válidas	108
Capítulo 30. Princípios aplicáveis	111
Capítulo 31. Regras de interpretação	113
Capítulo 32. Direito adquirido	115
Capítulo 33. *Tempus regit actum*	119
Capítulo 34. Norma mais benéfica	122
Capítulo 35. Expectativa de direito	126
Capítulo 36. Renda inicial	128
Capítulo 37. Transformação de benefícios	132
Capítulo 38. Possibilidade de desaposentação	135
Capítulo 39. Acumulação de benefícios	137
Capítulo 40. Situação do professor	139
Capítulo 41. Volta ao trabalho	145
Capítulo 42. Participação da repartição	147
Capítulo 43. Contribuição dos inativos	148
Capítulo 44. Adicionais trabalhistas	150
Capítulo 45. Normas Regulamentadoras	152
Capítulo 46. Decisões judiciais	153
Capítulo 47. Direito Procedimental	158
Capítulo 48. Levantamento ambiental	161
Capítulo 49. Pensão por morte	168
Capítulo 50. Dano moral	170
Capítulo 51. Aposentadoria do parlamentar	175
Capítulo 52. Servidores militares	176
Capítulo 53. Análise pericial	179
Capítulo 54. Revisão do benefício	181
Capítulo 55. Prestação complementar	184
Capítulo 56. Imposto de Renda	187
Capítulo 57. Tribunal de Contas	188
Capítulo 58. ON MPOG n. 6/2010	189
Capítulo 59. Questões jurídicas	193
Capítulo 60. Conclusões finais	199
Adendo	205
Obras do autor	206

APRESENTAÇÃO DO TEMA

As várias disposições constitucionais, as dezenas de sentenças proferidas em mandados de injunção (depois que o STF mudou de orientação) e a emissão de inúmeros atos administrativos regulamentares suscitaram o direito à aposentadoria especial do servidor.

Em virtude do disposto no art. 40, § 12, da Carta Magna, que remete o aplicador da norma, o intérprete e o magistrado, quando couber, ao RGPS, todo o desenvolvimento científico da aposentadoria especial da iniciativa privada tem de ser sopesado. São normas constitucionais, legais e regulamentares, respeitável doutrina e jurisprudência, sumulada ou não, a serem considerados.

Como toda remissão, essa é uma atividade delicada que recomenda bastante cuidado no transporte de entendimentos válidos num ambiente para o outro. O benefício previdenciário do RGPS acosta-se ao Direito do Trabalho e a aposentadoria especial do servidor ao Direito Administrativo.

No âmbito da interpretação, carece avaliar o significado desse dispositivo constitucional e antever que ele deseja dar cumprimento ao princípio da universalidade da previdência social.

Diferentemente do que sucede com a aposentadoria do trabalhador, nesta área em que estão presentes três interessados (empresa, empregado e INSS), a aposentadoria especial do servidor opera-se na prática apenas com dois polos: o serviço público (repartição pública e RPPS) e o servidor. A proximidade entre o propiciador dos serviços e o gestor do benefício é muito maior.

A iniciativa privada, incluindo as empresas estatais, não se confunde com o serviço público; a primeira atividade é lucrativa por excelência e a segunda não tem esse escopo que não seja o interesse público.

Como se verá, dada a semelhança entre os dois institutos previdenciários (público e privado), são praticamente obrigatórias, todo o tempo, as considerações sobre a aposentadoria especial do trabalhador, adotá-las como referência, pois, com certeza, os institutos técnicos da aposentadoria especial do servidor se acostarão a do trabalhador.

FONTES FORMAIS   Capítulo 1

A aposentadoria especial do servidor tem menção normativa mais antiga que a do trabalhador; ela compareceu no texto constitucional em 1937 sem regulamentação ordinária. Para os trabalhadores da iniciativa privada, a Lei Orgânica da Previdência Social — LOPS, em 26.8.1960, previu esse benefício no seu art. 31.

Aposentadoria ordinária

O art. 29 do Decreto n. 35.448/1954 (Regulamento Geral dos IAPs) falava em aposentadoria ordinária aos 25 anos de serviços penosos ou insalubres. Esse pretenso regulamento da Lei Orgânica dos Seguros Sociais do Brasil (LOSSB) não vingou, mas foi um primeiro passo.

Lei Orgânica

Em razão de sua origem, praticamente ao tempo da restauração da aposentadoria por tempo de serviço, para os ferroviários e outras categorias de trabalhadores, a aposentadoria especial provocou certa confusão semântica com as aposentadorias específicas (direitos próprios de algumas profissões como a dos ferroviários, jornalistas, aeronautas, jogadores de futebol, anistiados, ex-combatentes, etc.). Especialmente com um caso particularíssimo, que é o do professor.

O equívoco começou com a redação dada ao art. 31, § 2º, da LOPS (Revogada pela Lei n. 5.890, de 1973): "Reger-se-á pela respectiva legislação *especial* a aposentadoria dos aeronautas e a dos jornalistas profissionais" (grifos nossos).

Talvez, por isso, Fides Angélica Ommati foi induzida a afirmar: "Assim, podemos considerar a aposentadoria especial estabelecida para as atividades penosas, insalubres e perigosas: a do aeronauta; a do jornalista; a do ex-combatente" (*Manual Elementar de Direito Previdenciário*. Rio de Janeiro: Forense, 1978. p. 84).

Distinguia-se daquelas prestações específicas e dos demais benefícios excepcionais por introduzir um conceito novo: referir-se a atividades perigosas, penosas ou insalubres, exigir carência maior, de 180 contribuições e, ainda, idade mínima de 50 anos, e só aceitando períodos de trabalho de exposição aos agentes nocivos.

Com o passar do tempo e as pressões das entidades classistas representativas dos trabalhadores, o benefício sofreu mutações em sua versão original, mantendo, entretanto, ínsita a essência de direito excepcional. Com algum exagero lobístico, a Lei n. 6.643/1979 considerou a atividade administrativa de dirigente sindical, de quem provinha de atividade sujeita a agentes nocivos, como sendo especial; distorção científica que cessou com a Lei n. 9.032/1995.

O benefício, como registra Albino Pereira da Rosa (*A Lei Orgânica da Previdência Social*. Rio de Janeiro: Melso, 1960. p. 60), derivou de estudo elaborado pela Subcomissão de Seguro Social da Comissão Nacional do Bem-Estar Social, instituída em princípios de 1951, no então Ministério do Trabalho. Pretendia transformar a aposentadoria ordinária (restaurada para os ferroviários com a Lei n. 593/1948), restringindo sua concessão a certas categorias, fixando limite mínimo de idade e valor integral.

O Decreto n. 48.959-A/1960 (RGPS) regulamentou a LOPS, fixando algumas regras para o benefício.

Regulamento da LOPS

Depois do RGPS, o Decreto n. 53.831/1964 regulou o art. 31 da LOPS, mas foi revogado pelo Decreto n. 63.230/1968. Na ocasião, foi fixado um limite de idade de 50 anos.

Limite etário

A Lei n. 5.440-A/1968 acabou com o limite mínimo de idade: "No art. 31 da Lei n. 3.807, de 26 de agosto de 1960 (Lei Orgânica da Previdência Social), suprima-se a expressão '50 (cinquenta) anos de idade'" (art. 1º). O INPS regeu esse aspecto da matéria por meio da Resolução n. 501.11/1968.

Conforme o subitem 7.12 da Ordem de Serviço DISES n. 78/1992, para as categorias incluídas no Decreto n. 53.831/1964 (chamado de Anexo III) eram impostos os 50 anos de idade.

Hesitante quanto à exigência dos 50 anos, diante de sua possível revogação tácita pela Lei n. 5.890/1973, a partir do Plano de Benefícios (24.7.1991), a jurisprudência encorpou-se e é praticamente unânime nesse sentido.

A Justiça Federal não quis aplicar, *in casu*, a regra segundo a qual uma norma especial só pode ser revogada por norma geral se expressamente o disser (LICC). Por sua vez, o legislador ordinário, várias vezes, teve a oportunidade de aclarar a situação e não o fez. De qualquer forma, a Lei n. 5.527/1968, alterando a LOPS, tinha caráter de lei especial.

Por meio do Parecer CJ/MPAS n. 223/1995 (*in* DOU de 4.9.1995), o MPAS reconheceu a desnecessidade do mínimo etário e, a partir de 31.8.1995, os 50 anos deixaram de ser reclamados pelo INSS.

Verificação judicial

O Decreto-lei n. 389/1968 dispôs sobre a verificação judicial de insalubridade e periculosidade, revogando a Lei n. 5.431/1968.

Categorias profissionais

A Lei n. 5.527/1968 ditou: "As categorias profissionais que até 22 de maio de 1968 faziam jus à aposentadoria de que trata o art. 31 da Lei número 3.807, de 26 de agosto de 1960, em sua primitiva redação e na forma do Decreto n. 53.831, de 24 de março de 1964, mas que foram excluídas do benefício por força da nova regulamentação aprovada pelo Decreto n. 63.230, de 10 de setembro de 1968, conservarão direito a esse benefício nas condições de tempo de serviço e de idade vigentes naquela data" (art. 1º), norma revogada expressamente pela Medida Provisória n. 1.523/1996.

Período de carência

A Lei n. 5.890/1973 alterou a legislação básica da Previdência Social, diminuiu a carência, de modo geral, para 60 contribuições, e silenciou quanto aos 50 anos de idade. Atualizando e modificando uma lei geral, poderia ter revogado expressamente a Lei n. 5.527/1968, evitando muitas dúvidas.

Direção sindical

A Lei n. 6.643/1979, como lembrado anteriormente, mandou contar o tempo de exercício de direção sindical. Lembra Edilson Pereira Nobre Júnior: "Por ocasião da vicissitude legislativa acima, a jurisprudência entendeu que a eficácia da Lei n. 6.643/1979 se estendia aos trabalhadores que, à época de sua entrada em vigor, encontravam-se no desempenho de cargos de direção de sindicatos" (Considerações sobre a aposentadoria especial, in: *RPS* n. 165/615).

Introdução da conversão

A Lei n. 6.887/1980 estendeu as regras da conversão, incluindo a atividade comum, caso da aposentadoria proporcional aos 30 anos. Regulamentando-a, o

Decreto n. 87.742/1982 divulgou tabela de conversão (Aposentadoria concedível na conversão de tempo de serviço de atividade especial e comum, in: *Informativo Dinâmico IOB*, de agosto de 1983, p. 96; Conversão de tempo de serviço, in: *Informativo Dinâmico IOB*, de outubro de 1982, p. 1345; Aposentadoria concedível após a conversão do tempo de serviço especial e comum, in: *RPS* n. 67/323; "Soma de tempo de serviço convertido, in: *Supl. Trab. LTr* n. 105/84; e "Direito à aposentadoria especial depois da Lei n. 9.032/1995, in: *Rep. IOB de Jurisp.*, da 2ª quinzena de setembro de 1995, p. 256).

Habitualidade e permanência

O INSS impunha o exercício da atividade em caráter habitual e permanente por força do art. 63, *caput*, do Decreto n. 611/1992, embora normas mais antigas já o reclamassem.

Mudanças recentes

A Lei n. 9.032/1995 alterou, profundamente, o conceito de aposentadoria especial, como se verá adiante. A Medida Provisória n. 1.523/1996 aclarou disposições do art. 58 do PBPS. A Lei n. 9.528/1997 resultou de conversão da Medida Provisória n. 1.523/1996.

A Medida Provisória n. 1.663-10, de 28.5.1998, revogou o § 5º do art. 57 do PBPS, tentando pôr fim à possibilidade de conversão de tempo especial para o comum, a partir de 29.5.1998, resultando na Lei n. 9.711/1998.

A Lei n. 9.711/1998, em seu art. 28, dispôs sobre a conversão do tempo de serviço, desaparecida em 29.5.1998, matéria regulada pelo Decreto n. 2.782/1998, obrigando a revisão da OS n. 600/1998 por meio das OS ns. 611, 612 e, finalmente, a vigente OS n. 623/1999.

A OS n. 600/1998, revogou a OS n. 564/1997 e disciplinou a conversão de tempo de serviço especial para o comum de quem havia, ou não, completado o tempo exigido até 28.4.1995 ou 28.5.1998.

A Lei n. 9.732/1998 criou contribuições novas adicionais ao seguro de acidente do trabalho e obstou a volta ao trabalho do percipiente do benefício, definindo a suspensão dos pagamentos.

Já a Lei n. 10.666/2003 autorizou a concessão da aposentadoria especial para os associados às cooperativas de trabalho e de produção (art. 1º), criando uma contribuição adicional para custeá-la, além de rever o direito daquele que perdeu a qualidade de segurado (art. 3º), abrindo caminho para a modificação das alíquotas do SAT, desde que ocorresse uma redução dos acidentes do trabalho (Resolução CNPS n. 1.236/2004).

Com a solução do STJ à Ação Civil Pública n. 2000.71.00.0030435-2 e a emissão do Decreto n. 4.827/2003, criou-se um imbróglio jurídico surrealista. O regulamento administrativo autorizava a conversão do tempo especial para o comum de qualquer período de trabalho, enquanto o judiciário federal fixava-se em serviços realizados apenas até 28.5.1998.

A contar da Portaria MPAS n. 5.404/1999, o INSS impôs referência à utilização ou não dos EPI ou ECP nos laudos técnicos, mas, diante de pressões sindicais, mediante a Instrução Normativa INSS/DC n. 7/2000, tal exigência só adquiriu eficácia a partir de 14.12.1998.

O Decreto n. 4.032/2001, amparado no PBPS, em substituição ao DIRBEN 8030 e perfil profissiográfico, criou o PPP e, no lugar do laudo técnico, adotou o LTCAT (Lei n. 9.732/1998), cuja eficácia, depois de muitos adiamentos, deu-se em 1º.1.04 (IN INSS/DC n. 87/2002).

Constituição de 1988

O art. 40, § 4º, da Carta Magna diz: "É vedada a adoção de requisitos e critérios diferenciados para a concessão de aposentadoria aos abrangidos pelo regime de que trata este artigo, ressalvados, nos termos definidos em leis complementares, os casos de servidores: I — portadores de deficiência; II — que exerçam atividades de risco; III — cujas atividades sejam exercidas sob condições especiais que prejudiquem a saúde ou integridade física".

De imediato, observa-se que o emendador constitucional definiu um gênero ("atividades especiais", que abarcam as tarefas perigosas) e uma espécie ("atividade de risco"). Por outro lado, fica evidente que a periculosidade e a penosidade (excluídas pelo PBPS) poderão determinar a aposentadoria especial do servidor.

Por seu turno, o art. 201, § 1º, diz que: "É vedada a adoção de requisitos e critérios diferenciados para a concessão de aposentadoria aos beneficiários do regime geral de previdência social, ressalvados os casos de atividades exercidas sob condições especiais que prejudiquem a saúde ou a integridade física e quando se tratar de segurados portadores de deficiência, nos termos definidos em lei complementar".

Ou seja, além da aposentadoria especial dos arts. 57/58 do PBPS, que se refere, exclusivamente, à insalubridade, os trabalhadores do RGPS têm direito a penosidade e periculosidade, desde que ingressem com Mandado de Injunção.

Plano de benefícios

Em seus arts. 57/58, o PBPS cuida da aposentadoria especial. Ela comparece nos arts. 64/70 do RPS.

EC n. 20/1998

A EC n. 20/1998, reviu a redação do art. 201 da Carta Magna, dispondo sobre a aposentadoria especial no seu § 1º e, em surpreendente redação, dispôs no seu art. 15: "Até que a lei complementar a que se refere o art. 201, § 1º, da Constituição Federal, seja publicada, permanece em vigor o disposto nos arts. 57 e 58 da Lei n. 8.213, de 24 de julho de 1991, na redação vigente à data da publicação desta Emenda".

Preocupação acentuada com o benefício: o Congresso Nacional, provavelmente pela primeira vez, precisou confirmar a validade de uma lei (sic), conforme o que constou da EC n. 20/1998.

No que diz respeito ao servidor propriamente dito, o art. 40, § 4º, ficou com a seguinte redação: "É vedada a adoção de requisitos e critérios diferenciados para a concessão de aposentadoria aos abrangidos pelo regime de que trata este artigo, ressalvados os casos de atividades exercidas exclusivamente sob condições especiais que prejudiquem a saúde ou a integridade física, definidos em lei complementar".

EC n. 41/2003

A EC n. 41/2003 manteve a redação da EC n. 20/1998, que foi revogada pela EC n. 47/2005.

EC n. 47/2005

Na redação da EC n. 47/2005, a norma constitucional vigente é o art. 40, § 4º, da Carta Magna, que diz: "É vedada a adoção de requisitos e critérios diferenciados para a concessão de aposentadoria aos abrangidos pelo regime de que trata este artigo, ressalvados, nos termos definidos em leis complementares, os casos de servidores: I — portadores de deficiência; II — que exerçam atividades de risco; III — cujas atividades sejam exercidas sob condições especiais que prejudiquem a saúde ou a integridade física".

Proposta de Súmula Vinculante

Há uma proposta de Súmula Vinculante n. 45 do STF, com os seguintes dizeres: "Enquanto inexistente a disciplina específica sobre a aposentadoria especial do servidor público, nos termos do artigo 40, § 4º, da Constituição Federal, com a redação da Emenda Constitucional n. 47/2005, impõe-se a adoção daquela própria aos trabalhadores em geral (art. 57, § 1º, da Lei n. 8.213/91)".

Evolução do tema

O trato da aposentadoria especial do servidor é um descalabro da administração federal. Desde que a Carta Magna foi alterada em 1998, 12 anos depois, o Congresso Nacional não elaborou a lei complementar que regulamentará o exercício das atividades insalubres no serviço público.

Uma vez que, na iniciativa privada, o RGPS possui regras consagradas de definição do tempo especial desde 1960, é intrigante a inércia do MPS em relação ao cômputo desse tempo por ocasião da contagem recíproca, obrigando os interessados a procurarem o Poder Judiciário Federal e ali, frequentemente, obtendo guarita para suas pretensões.

Agora, com o avanço da cibernética, automação e informática, em que a digitação produz a LER em quaisquer sítios de trabalho (todos eles têm computadores), o ambiente laboral da Administração Pública, não importando qual, produz doenças ocupacionais.

Diante do texto constitucional, o MPS sempre manifestou contrário ao cômputo do tempo especial exercitado na iniciativa privada, mas acolheu que o tempo de serviço de celetista do futuro estatutário (Lei n. 8.112/1990) fosse considerado (Parecer CJ/MPS n. 46/2006, que revogou o Parecer CJ/MPS n. 1.201/1998 e ratificou o Parecer CJ/MPS n. 2.549/2001).

Cedendo um pouco o espaço, a Resolução Normativa AGU n. 1/2004 determinou que a Administração Pública não recorresse de decisões judiciais que mandassem contar esse tempo de celetista.

Diante da vergonhosa inércia do Poder Legislativo, em 15.4.2009, sentenciando no Mandado de Injunção n. 795-1/DF relatado pela Min. Carmen Lúcia, determinou sobre o direito a aposentadoria especial (in DJe de 21.4.2009), da mesma forma como o fez a Min. Hellen Gracie no Mandado de Injunção n. 992. Hoje são mais duas dezenas de decisões iguais.

A proposta de Emenda Constitucional n. 449/2009, do dep. Mauro Nazig, PSB/RO, diz a mesma coisa que a proposta da súmula vinculante: "Enquanto inexistente a disciplina específica sobre aposentadoria especial dos servidores públicos, nos termos do art. 40, § 4º, da CF, com a redação da EC n. 47/2005, impõe-se a adoção daquela própria aos trabalhadores em geral (art. 57, § 1º, da Lei n. 8.212/1991)".

Atos normativos

Depois da ON MPOG n. 6/2010 e da IN SPPS n. 1/2010, centenas de dispositivos da IN INSS n. 45/2010 podem ser invocados (arts. 234/273).

Capítulo 2 **REMISSÃO AO ART. 40, § 12**

Possivelmente, pretendendo dar cumprimento ao princípio da universalização da cobertura e do atendimento (CF, art. 194, parágrafo único, I), de modo que os RPPSs se identifiquem com o RGPS. Diz o art. 40, § 12, da Carta Magna: "Além do disposto neste artigo, o regime de previdência dos servidores públicos titulares de cargo efetivo observará, *no que couber*, os requisitos e critérios fixados para o regime geral de previdência social" (grifamos).

Disposições próprias

O *caput* do art. 40 da Carta Magna fixa expressamente alguns preceitos próprios válidos para o servidor: a) caráter contributivo; b) nuança solidária; c) participação do ente político; d) contribuição dos ativos, inativos e pensionistas; e) observância do equilíbrio atuarial e financeiro.

No § 1º, são estabelecidos os postulados de definição dos proventos (§§ 3º e 17). As remunerações serão as bases de cálculo das contribuições, dispensada remissão direta do art. 28 do PCSS, mas sem desprezo da concepção do salário de contribuição do RGPS, como fonte inspiradora da interpretação.

Tais valores mensais serão atualizados monetariamente (art. 1º, § 1º, da Lei n. 10.887/2004).

Regra-se, também, a aposentadoria por invalidez (I), a aposentadoria compulsória aos 70 anos (II), a aposentadoria por tempo de contribuição com um mínimo de dez anos no serviço público, cinco anos no cargo e idade mínima (III) e a aposentadoria por idade (III, *b*).

Os proventos e as pensões não poderão exceder a última remuneração (§ 2º), conceito não bem explicitado nas normas infraconstitucionais, que ora fala em remuneração, ora em vencimentos.

O § 3º fixa definição do montante da aposentadoria e das pensões vinculando-o ao valor dos vencimentos.

O § 4º, I-III, trata, especificamente, da aposentadoria especial. É visível que a oração seja iniciada com uma negação ("é vedada"), definindo a excepcionalidade do benefício. Note-se que os incisos II e III dão conta da periculosidade, da penosidade e da insalubridade.

O § 5º distingue o professor dos demais servidores.

Já o § 6º veda a acumulação de aposentadoria num RPPS. Carente de uma norma de superdireito, não fica expressamente clara a proibição da percepção simultânea, se será apenas num RPPS municipal, estadual, distrital e federal, ou em todo o serviço público nacional.

O direito à pensão por morte, com as limitações dos incisos I e II, é examinado no § 7º; logo, não cabe remissão ao PBPS quanto ao valor.

O § 8º define a modalidade periódica dos reajustamentos em face do processo inflacionário. A paridade é instituto técnico específico do serviço público sem similar no RGPS e tem suas próprias regras.

A contagem recíproca, que é uma regra de superdireito envolvendo os RPPSs e o RGPS é mencionada no § 9º.

O § 10 cuida do tempo fictício, dispositivo que pode obstar a conversão de tempo de serviço especial em comum porque resultaria num tempo materialmente inexistente.

É estabelecido um limite, no caso das acumulações permitidas (§ 11).

O servidor ocupante de cargo em comissão ou de outro cargo temporário é excluído do RPPS (§ 13).

O § 14 fala da previdência complementar e também o §§ 15 e 16.

A definição do salário de contribuição comparece no § 17.

O § 18 enfoca a contribuição dos inativos, entrando em visível conflito com o art. 195, II.

O abono de permanência é tratado no § 19.

Só é possível existir um RPPS (§ 20).

O § 21 diz que a contribuição do inativo portador de deficiência incidirá sobre a diferença entre os proventos e o dobro do limite do salário de contribuição do RGPS. Assim, quem ganha R$ 10.000,00, recolheria 11% de R$ 3.065,20 = R$ 337,17.

Clientela da disposição

Muitos tipos de prestadores de serviço colaboram com o serviço público. Os servidores abrangidos são os titulares de cargo efetivo. Logo, são excluídos os empregados públicos (contratados pelo regime da CLT), os ocupantes de cargo em comissão e de cargos temporários. Para estes, resta o RGPS.

Cabimento da remissão

Somente será possível invocar o RGPS em relação àquilo que não estiver contemplado nos diferentes parágrafos antes indicados o que, aliás, não é tarefa fácil e será consolidado com o passar do tempo.

Requisitos e critérios

Requisitos e critérios são duas expressões semelhantes; o emendador constitucional poderia ter usado apenas uma delas. Tradicionalmente, no Direito Previdenciário, os requisitos são três: a) qualidade de servidor; b) tempo de serviço público e no cargo; e c) evento determinante: tempo de serviço, atividade especial, magistério, idade avançada, etc. Critérios dizem respeito a outras condições relativas ao cálculo da renda mensal inicial.

Jurisprudência

As decisões judiciais constantes da jurisprudência, sumuladas ou não, que se referirem aos itens não arrolados nos parágrafos antes enunciados, podem ser invocados por força deste dispositivo. Por exemplo, a Súmula Vinculante STF n. 4.

Policiais militares

Não padecendo dúvidas doutrinárias quanto a recepção da LC n. 51/85 pela Carta Magna de 1988, pois a atividade das policiais militares se enquadra perfeitamente no seu art. 40, § 4º, é uma atividade de risco, exceto para quem preencheu os requisitos legais até 19.2.04, o valor dos proventos desses servidores ainda é objeto de debates. Razão que levou o Tribunal de Contas da União a emitir o Parecer TCU n. 582/09.

Com efeito, esses proventos devem ser 100% dos vencimentos (a LC n. 51/85 menciona em proventos integrais no seu art. 1º) ou eles se submetem ao cálculo do art. 40, § 3º, da Carta Magna (média dos salários de contribuição desde julho de 1994)?

A norma que introduziu a identidade desse cálculo com o do RGPS foi a EC n. 41/03, que é hierarquicamente superior a EC n. 51/85. Não parece possível dissociar o § 4º dos demais parágrafos do art. 40 da Lei Maior, até porque esse § 4º, diferentemente da LC n. 51/85, não fixou regras sobre os proventos.

Assim não pensa Ives Granda da Silva Martins e Cláudia Fonseca Morato Pavan ("Aposentadoria — Art. 40, § 4º, CF — Regime Especial para os Servidores Públicos em Atividade de Risco — Sobreposição ao regime Geral — Delegação à lei Complementar n. 51/85 — Implementação dos Princípios da Igualdade, da proporcionalidade e da Dignidade da Pessoa Humana — Opinião Legal", *in* Revista Magister e Direito Trabalhista e Previdenciário de nov./dez. de 2010, n. 39, p. 124/140).

REQUISITOS BÁSICOS   Capítulo 3

Didaticamente, são três os principais requisitos legais para a obtenção do benefício: a) qualidade de servidor; b) período de carência; e c) evento determinante.

Salvo na hipótese de direito adquirido, ou seja, após a reunião das duas outras exigências constantes da lei a seguir examinadas (quando o estado jurídico do servidor será irrelevante), atendidos tais pressupostos, o segurado pode requerer o benefício.

À evidência, depois de ter trabalhado 25 anos em atividades especiais, por ocasião do pedido, não importará executar tarefas comuns.

Qualidade de servidor

Exceto na figura do direito adquirido (daquele que preencheu os pressupostos lógicos, pediu exoneração e se afastou do cargo a ser designado como ex-servidor), relembrado antes, somente o servidor poderá requerer a aposentadoria especial.

É uma visão que corresponde à qualidade de segurado do RGPS, com a particularidade de não haver período de manutenção. Depois de completar as exigências legais, ainda que afastado do serviço público, e até que se jubile, o trabalhador é servidor, um segurado com todos os direitos que detinha até o último dia de trabalho no órgão público.

Tempo de serviço público

A exigência de dez anos no serviço público diz respeito às aposentadorias por tempo de contribuição, idade e especial (CF, art. 40, § 1º, III).

Saliente-se que (possivelmente por cochilo do legislador) esses dez anos não têm de ser os últimos.

Tempo no cargo

O servidor também terá que deter um mínimo de cinco anos no cargo. Nesse RPPS ou em outro, mas no mesmo cargo.

Período de carência

No sentido atribuído pelo art. 24 do PBPS, não há período de carência para o servidor, mas há outra imposição, de caráter atuarial, que são os dez anos no serviço público e cinco anos no cargo.

Crê-se que não será possível entender que, estando a aposentadoria especial em outro parágrafo (§ 4º), ali não se disponha de carência e, automaticamente, o aplicador deva se subsidiar na remissão do § 12 (que remeteria aos 15 anos do PBPS).

Para a concessão do direito, não é imprescindível o servidor exercer atividade especial na data do requerimento.

Nem será preciso recorrer ao direito adquirido, isto é, ter completado os requisitos do benefício e, depois, passado a operar em atividade comum.

No âmbito do RGPS, a esse respeito, diz o item 12.14 da OS n. 564/1997: "Para fins de carência e fixação do PBC, não importa se na data do requerimento do benefício de aposentadoria especial, o segurado estava, ou não, desempenhando atividade sujeita a condições especiais".

Evento determinante

O segurado obriga-se a comprovar: 1) o tempo de serviço público (os registros se encontram na repartição para a qual prestou serviços ou em outra) e 2) o período de trabalho sob condições especiais (ainda com documentos oficiais das repartições públicas).

O primeiro fato, de regra, com os registros administrativos (PPP); o segundo, com o LTCAT e outros meios de provas admitidos em Direito.

Sinistro laboral

Em virtude da habitual e permanente exposição aos riscos da atividade laboral especial, muitas vezes, a contingência protegida da aposentadoria especial é confundida com a dos benefícios por incapacidade.

Elas são distintas: na primeira idealização, basta apenas o perigo e não é necessária a inaptidão para o trabalho. No caso do auxílio-doença ou aposentadoria por invalidez, então, sim, cabe a prova da impossibilidade de trabalhar.

Desligamento do trabalho

O desligamento do trabalho está associado ao trabalhador da iniciativa privada. O servidor requer o benefício e aguarda a instrução prestando serviços. Uma vez deferido o benefício e publicada a portaria de aposentação no Diário Oficial, ele se afasta do cargo e da repartição pública.

Idade mínima

A legislação relativa ao Anexo III do Decreto n. 53.831/1964 condicionava a concessão à idade mínima de 50 anos, mas a propensão do Judiciário foi caudalosa, a partir de 11.6.1973, *ex vi* da Lei n. 5.890/1973, no sentido da inexigibilidade. A partir do Parecer CJ/MPAS n. 223/1995, a idade mínima deixou de ser imposta pelo INSS.

Atividade comum no PBC

Também não releva estar o segurado trabalhando em atividade especial durante o período básico de cálculo (que, conforme o caso, se inicia em julho de 1994), desde que ele tenha antes os 25 anos de atividade especial.

Capítulo 4   **POLOS DA RELAÇÃO JURÍDICA**

A concessão da aposentadoria especial do servidor, além de terceiros eventualmente contratados, envolve uma pessoa física e duas pessoas jurídicas, ambas de direito público: um servidor requerente do benefício e beneficiário do Mandado de Injunção, o órgão público em que ele prestou serviços de natureza especial e a entidade gestora do RPPS.

Servidor público

O servidor é a pessoa física, civil ou militar, que se submete, ou não, aos agentes nocivos, no ambiente laboral da repartição ou fora dela e até no exterior.

De regra, são as pessoas contempladas nos arts. 37/39 da Carta Magna e, com vistas à pensão por morte, também os seus dependentes.

Órgão público

O órgão público é a repartição pública da administração direta ou indireta dos quatro estamentos da República: União, DF, Estados e Municípios, que propicia o vínculo administrativo do Estado com o servidor.

Regime Próprio

O RPPS é uma pessoa jurídica de direito público, regidas basicamente pelas Leis ns. 9.717/1998 e 10.887/2004, criada e extinta por lei ordinária do Poder Legislativo de cada um dos entes da federação.

Um RPPS é como o RGPS, um regime de previdência social básica do servidor. Ele não se confunde com o fundo de pensão a ser instituído para complementar as suas prestações (CF, art. 40, §§ 14/17). Tem sua lei criadora, em que são previstas as contribuições patronais (da repartição pública) e profissionais (do servidor), com vistas ao plano de benefícios, em particular, para a aposentadoria especial.

Cada um dos 5.565 municípios, 26 estados, DF e União podem implantar o seu regime próprio e calcula-se que já existam 2.000 deles.

O do Estado de São Paulo designa-se SPPREV (Lei Complementar Estadual n. 1.010/2007).

Cada ente federativo, somente, pode organizar um RPPS. Em relação a contagem recíproca de tempo de serviço, os entes federativos são tidos como emissores da CTC e de receptores do tempo de serviço de outros RPPS, com a correspondente contribuição da Lei n. 9.676/1998.

Por qualquer motivo, se um RPPS não pode arcar com os compromissos assumidos com os servidores, o órgão público será o responsável pelas obrigações previdenciárias.

Os RPPSs são órgãos públicos da administração indireta, organizados como autarquias. Eles podem ser extintos quando os servidores foram transferidos para o RGPS ou quando extinto o plano de benefícios com o pagamento da última prestação (que será uma figura rara).

Capítulo 5   **SERVIDORES ABRANGIDOS**

O gênero que abarca os que trabalham para o Estado compreende seis grupos de pessoas: a) agentes políticos; b) servidores detentores de cargos públicos; c) ocupados em cargos, comissão ou cargos temporários; d) empregados públicos; e) prestadores de serviço (autônomos), em particular: f) os colocados em disponibilidade e g) os requisitados.

Mandado de Injunção

Enquanto não for regulamentado o art. 40, § 4º, da Carta Magna, mediante lei complementar e o direito individual ou de uma categoria for assegurado por ação tentada no STF, somente os servidores beneficiados por esse remédio jurídico fazem jus à aposentadoria especial.

A decisão do STF garante o benefício nos termos da regulamentação do RPPS, sendo que exceções, omissões ou descumprimento serão objetos de reclamação à Mais Alta Corte do País.

Agentes políticos

Aqueles que tomam posse em cargos eletivos, como vereadores, prefeitos, deputados estaduais, governadores, deputados federais, senadores e Presidente da República, não fazem parte desse sistema de proteção (mas, raramente, preencheriam os requisitos básicos). O servidor efetivo conduzido a um cargo eletivo será duplamente filiado: ao RGPS e ao RPPS.

Servidores efetivos

Os principais filiados ao regime do RPPS são os efetivos, investidos em cargos públicos, também designados como estatutários (CF, art. 37, II). Até o EFPCU eram chamados de funcionários (Lei n. 1.711/1952). Normalmente, em razão do curso do tempo, não são estáveis; depois de três anos, tornam-se estáveis.

Servidores requisitados

No Direito Administrativo, é comum a figura dos servidores requisitados para prestarem serviços em função (e até mesmo cargo) fora do órgão em que foi lotado.

No exame desse instituto da requisição, é preciso considerar os aspectos relativos aos dois entes administrativos envolvidos e quem assume as obrigações relativas aos vencimentos e aos benefícios da previdência social. Para o art. 1º-A da Lei n. 9.717/1998, a aposentação deve dar-se no regime de origem.

Cláudio Luiz dos Santos estudou a diferença da cessão e da requisição em face do art. 93 do ESPCU ("Cessão e requisição de servidor público no âmbito da Justiça Federal", disponível na internet), ressaltando ser possível para os cargos de comissão e função de confiança.

São dois os órgãos públicos que dizem respeito ao servidor: a) órgão requisitado e b) órgão requisitante. As cessões podem ser de curta permanência (no caso da Justiça Eleitoral), por prazo determinado e indeterminado. É importante que a portaria de cessão fixe qual dos dois órgãos envolvidos assumirá os encargos trabalhistas e previdenciários.

O servidor requisitado, que se submete aos agentes especiais, poderá continuar submetido a essa função no órgão requisitante ou praticar atividades comuns. Nesta última hipótese, o tempo será considerado comum para fins de conversão de tempo especial para o comum.

Caso os dois períodos de atividades sejam especiais, eles serão somados para os fins da aposentadoria especial. Serão dois PPP e dois LTCAT, um em cada repartição pública.

Quem assumir os ônus trabalhistas e previdenciários terá de recolher ao RPPS eventual contribuição que for fixada.

Com a solicitação da aposentadoria especial, o servidor requisitado deverá retornar ao órgão em foi lotado e ali ter deferido o benefício.

Servidor em disponibilidade

O instituto técnico da disponibilidade é próprio do Direito Administrativo, praticamente inexistente no Direito do Trabalho, embora nada impeça uma empresa de licenciar, remuneradamente, um empregado e dispensá-lo do trabalho.

Define-se como o elo jurídico do servidor estável cujo cargo foi extinto ou tido como desnecessário, que se mantém vinculado ao serviço público mediante vencimentos proporcionais e até que seja reaproveitado.

Também será posto em disponibilidade o servidor estável que foi demitido, mas resgatou o cargo no Poder Judiciário.

Uma verdadeira norma de superdireito que envolve todo o serviço público. Diz o art. 41, § 3º, da Carta Magna que: "Extinto o cargo ou declarada a sua desnecessidade, o servidor estável ficará em disponibilidade, com remuneração proporcional ao tempo de serviço, até seu adequado aproveitamento em outro cargo."

Do Texto Maior, defluem quatro determinações relevantes: a) relativa a situação do cargo; b) estado jurídico da disponibilidade; c) valor da remuneração;

e d) duração provisória. Se o exercente de atividade especial é posto em disponibilidade, ele não mais prestará serviço (até que seja reintegrado). Nesse caso, o tempo de duração dessa disponibilidade não poderá ser considerado como especial, ainda que intercalado por dois períodos especiais (o anterior e o posterior a esse período), devendo ser considerado como comum.

Servidores sem regime próprio

Nos termos do art. 12 do PBPS, os servidores que prestam serviço numa das 3.000 repartições públicas sem regime próprio de previdência são filiados ao RGPS e sua aposentadoria especial é diretamente regida pelos arts. 57/58 do PBPS.

Cargos em Comissão

Nos termos do art. 40, § 13, os ocupantes de cargos em comissão são filiados ao RGPS (CF, art. 37, V).

Cargos temporários

Igual vale para os ocupantes de cargos temporários (CF, art. 37, IX).

Empregados públicos

Os empregados públicos regidos pela CLT são filiados ao RGPS (CF, art. 37, II).

Banco Central

Com a Lei n. 9.650/1998, servidores regidos pela CLT do Banco Central do Brasil, uma autarquia federal de direito público, foram transformados em estatutários e com efeito retroativo. Nesse sentido, os períodos anteriores a essa lei devem ser considerados como de filiação ao RPPS para efeitos da aposentadoria especial.

ADCT

Em seu art. 19, o ADCT dispôs sobre a situação de não estáveis que ingressaram cinco anos antes de 5.10.1988 e que foram estabilizados. Consideram-se não estáveis aqueles servidores admitidos antes dessa data-base, mas sem os cinco anos de serviço público.

Como observa o livro *Regimes Próprios de Previdência Social* (Brasília: ANFIP, 2007. p. 37), até a EC n. 20/1998, todos os servidores públicos poderiam ser amparados por um RPPS, mas, a partir de 15.12.1988, com a nova redação do *caput* do art. 30 da Carta Magna e com o disposto no art. 40, § 13, os RPPSs passaram a ser aplicáveis somente para os servidores públicos titulares de cargo efetivo.

NATUREZA JURÍDICA Capítulo 6

Não existem muitas dúvidas pertinentes à essência técnica da aposentadoria especial do servidor, cuja classificação doutrinária, didática ou científica depende apenas do aspecto que for enfatizado pelo classificador. Como se verá em seguida, suas principais características indicam sua nuclearidade e a enorme semelhança, quase identidade, que tem com a aposentadoria especial do trabalhador da iniciativa privada.

Variante da aposentadoria por tempo de contribuição, com tempo de serviço menor, ela é a prestação previdenciária comum quando comparada com as acidentárias ou as de legislação específica.

Nuança excepcional

Identifica-se por certa excepcionalidade, em face da prestação *mater* (aposentadoria por tempo de contribuição). Deflagra o benefício bem antes (aos 25 anos de serviço) em razão do risco a que se submete o segurado.

Semelhança com invalidez

Detém alguma semelhança com a aposentadoria por invalidez. O segurado fica sujeito às agressões nocivas do meio ambiente ou condições laborais artificiais, sem, necessariamente, estar incapaz para o trabalho.

Universalidade dos benefícios

Juridicamente, em face do direito adquirido, não difere das demais prestações, tratando-se de direito subjetivo de quem preenche os requisitos legais e deles faz prova plena.

Espécie de gênero

Espécie do gênero aposentadoria por tempo de serviço, como são os benefícios do professor e do anistiado.

Não pode ser considerada aposentadoria por invalidez, uma vez fundamentada no tempo de serviço, como confirma Antônio Carlos de Oliveira: "Trata-se de benefício baseado também no tempo de serviço, mas tal se refere à atividade profissional exercida em condições especiais que prejudiquem a saúde ou a integridade física" (*Curso de Direito Previdenciário*, em homenagem a Moacyr Velloso Cardoso de Oliveira. São Paulo: LTr, 1992. p. 82).

Caráter básico

Contida num RPPS, ou fora dele, no RGPS, assume caráter básico, regida pelo art. 40, § 4º, da CF e remissivamente pelos arts. 57/58 e 152 do PBPS, passível de complementação no plano de benefícios do fundo de pensão público.

Presunção de perigo

Pressupõe, cientificamente, certo perigo de danos ao organismo, seja à saúde ou à integridade física, presunção jurídica absoluta, não comportando prova em contrário, por parte do RPPS ou de terceiros.

Retorno ao trabalho

Tecnicamente, não admite a volta ao trabalho nas mesmas atividades de risco, questão com tratamento constitucional particular.

Essência técnica

Prestação definitiva, imprescritível, substituidora dos salários, de pagamento continuado, constitucionalmente alimentar e não reeditável no mesmo RPPS. Originária, mas compreende a ficção legal da conversão de tempo especial para o comum. Como qualquer outro benefício, admite a desaposentação ou a transformação.

Distinções necessárias

Não pode ser confundida com outras aposentadorias, como a do professor, do anistiado, do ex-combatente e outros benefícios com características próprias.

Contingência protegida

A aposentadoria especial dá cobertura ao risco e não ao sinistro (que é objeto da aposentadoria por invalidez).

Exame médico

Em virtude de não ter importância para a definição do benefício o estado de saúde do segurado, não há exame médico do servidor, ainda que enfatizado o exame técnico e pericial do ambiente de trabalho.

Ausência de regime próprio

É propiciada pelo RGPS, caso não exista RPPS a garanti-la.

Contagem recíproca

Ela comunica-se com outros regimes sob norma de superdireito das Leis ns. 6.226/1975, 6.864/1980 e 9.796/1999).

CONVERSÃO DE TEMPO ESPECIAL   Capítulo 7

Desde a Lei n. 6.887/1980, o tempo de serviço especial pode ser convertido em tempo de serviço comum. Até 28.4.1995, o tempo comum era convertido ao especial, mas essa possibilidade deixou de existir (Lei n. 9.032/1995).

Ausente a aposentadoria especial regulamentada no serviço público, não se cogitava qualquer uma dessas duas conversões. Com a determinação do STF e a remissão do § 12 do art. 40 da Carta Magna, emerge o direito à conversão do tempo de serviço especial do servidor para o tempo comum. Pelo mesmo motivo, não há falar em conversão do tempo comum para o especial (enquanto o legislador infraconstitucional não quiser e parece não desejar).

Tem-se assente que a conversão somente é possível (porque, assim, quis o legislador) quando o trabalhador dispuser de dois tempos de serviço: cronologicamente, especial e comum ou comum e especial.

Exclusivamente com 25 anos de serviço especial, um servidor não poderia operar a conversão 25 x 1,4 = 35 anos, mas bastaria exercer atividade comum por um mês e o direito a conversão emergiria (sic). Claro que, então, nessas novas condições, poderia voltar ao serviço público e teria de atender os demais requisitos da aposentadoria por tempo de contribuição.

O cálculo da conversão é relativamente simples: no caso dos homens, com 20 anos de serviço especial, equivalem a 28 anos de serviço comum. Supondo-se que ele possua mais sete anos de serviço comum, ter-se-á: 20 x 1,4 = 28 + 7 = 35 anos.

A não ser que se queira utilizar o regime do art. 16 da IN SPPS n. 1/2010, que remete à IN INSS n. 45/2010, ou ao art. 9º da ON MPOG n. 6/2010 (prevê a conversão), quando trata do tema, a mencionada IN SPPS n. 1/2010 não tratou da conversão, mas, evidentemente, fazendo parte do art. 57, § 5º, do PBPS, ela terá de ser atendida.

Objetivo da conversão

A conversão tem por escopo principal a concessão da aposentadoria por tempo de contribuição (no INSS, é designada como NB 42 com NB 46). Note-se que *in fine* do art. 57, § 5º, reporta-se à "concessão de qualquer benefício", também valendo para a aposentadoria por idade.

Consequências da operação

Uma vez promovida a conversão, diante do direito à aposentadoria por tempo de contribuição, o servidor se sujeitará às regras deste benefício (CF, art. 40, § 1º, III, *a* e *b*).

Posição dos tempos de serviço

Não importa quando foi exercido o tempo especial ou o comum; logo, o tempo especial pode ter sido o último ou o primeiro deles, ou eles se entremearam, mas não serão exercidos simultaneamente.

Fatores de conversão

O índice de conversão do servidor é 1,4; porque 1,4 x 25 = 35 anos e da servidora: 1,2 x 25 = 30 anos

Pressuposto lógico

A presunção da conversão é o fato de que o segurado se expôs aos agentes nocivos e teve a sua saúde ou integridade ameaçadas, por isso, deve ser compensado.

Conversão extemporânea

Se alguém requereu a aposentadoria proporcional por tempo de contribuição e prova ter tido tempo especial suficiente, poderá requerer a transformação do benefício com uma conversão extemporânea.

Tempo especial da iniciativa privada

Acolhida a contagem recíproca de tempo de serviço, reconhecido o tempo especial sujeito ao RGPS, ele será convertido (pelo INSS quando fornecer a CTC ou pelo gestor do RPPS) e somado ao tempo especial ou ao tempo comum no órgão público.

Tempos de 15 e 20 anos

As hipóteses de aposentadoria especial na iniciativa privada aos 15 e 20 anos não são muito comuns, principalmente em serviços administrativos. A MPOG n. 6/2010 alude apenas aos 25 anos.

Validade da conversão

Depois de todas as turbulências administrativas e judiciárias pelas quais passou, a conversão pode ser operada a qualquer tempo, não mais limitada a 28.5.1998.

Exemplo de cálculo

Suponha-se um servidor com 12 anos, seis meses de 15 dias de tempo especial a ser convertido.

Os cálculos serão:

12 x 365 = 4.380 + 6 x 30 = 180 + 15 = 4.575 dias.

4.575 x 1,40 = 6.405 dias.

6.405 : 365 = 17 anos, seis meses e 15 dias.

Capítulo 8

CONTAGEM RECÍPROCA

O instituto técnico da contagem recíproca de tempo de serviço tem longa tradição no Direito Previdenciário. Iniciou-se na década de 60 com a Lei n. 3.841/1960, incorporou-se à LOPS (Lei n. 3.807/1960), foi regulamentada em 1975 (Lei n. 6.226/1975) e, no PBPS, em 1991 (arts. 94/99), alçando-se como princípio e norma dispositiva constitucional, admitindo a conversão em 1980.

Curiosamente, está contemplada no mesmo § 9º dos arts. 40 (servidor) e 201 (trabalhador).

O art. 3º do Projeto de Lei que resultou na Lei n. 6.226/1975 previa extensão aos Estados e Municípios, mas ele foi vetado. Com a Lei n. 6.864/1980, observada a reciprocidade, restabeleceu-se a ideia da universalização da cobertura e do atendimento.

Disposição constitucional

No âmbito do serviço público, diz o art. 40, § 9º, da Lei Maior que: "O tempo de contribuição federal, estadual ou municipal será contado para efeito de *aposentadoria* e o tempo de serviço correspondente para efeito de disponibilidade" (grifamos).

Dois pontos são importantes: a norma superior fala em aposentadoria e abrange todos os RPPSs dos entes políticos da República, sem exceção. A exclusão do DF é cochilo do emendador: evidentemente, o tempo de serviço do Distrito Federal poderá ser portado para outros municípios, Estados e para a União.

Princípio da universalização

A contagem recíproca é um subproduto da universalização da previdência social. Em qualquer ambiente que o trabalhador tenha prestado serviço, especial ou comum, esse período será considerado.

Reciprocidade de tratamento

Com a revogação do parágrafo único do art. 95 do PBPS, pela Medida Provisória n. 1.891-8/1999, não mais se fala na exigência da reciprocidade de tratamento; implicaria que cada um dos 5.565 Municípios, 26 Estados e DF se entendessem mutuamente (sic).

Normas de superdireito

Esta é uma área de muitas dúvidas, aumentadas com a falta de regulamentação e que reclama, urgentemente, normas de superdireito federal, sob vários dos seus aspectos.

Conceito básico

A contagem recíproca consiste na adição de tempos de serviço de regimes distintos, não só do serviço público, como da iniciativa privada. Assim, se um servidor trabalhou numa empresa privada durante 10 anos e 25 anos num órgão público, ele somará 35 anos de serviço para efeito do RPPS. Se uma trabalhadora foi servidora durante 15 anos e há 15 anos é segurada comum, ela terá 30 anos para se aposentar no RGPS do INSS.

Tipos de regimes

Os dois principais regimes envolvidos na contagem recíproca são o RGPS e um RPPS. Em cada caso, eles serão receptores (quem deve deferir o benefício) e emissores da CTC.

Hipóteses possíveis

São várias as hipóteses que sucedem envolvendo a aposentadoria especial: a) dois tempos especiais em RPPS; b) dois tempos especiais: um no RPPS e outro no RGPS; c) um tempo especial e um tempo comum.

Tempos especiais

Se o servidor exerceu atividades especiais em dois regimes públicos, os tempos de serviço podem ser somados e o benefício será concedido pelo último RPPS.

Tempo especial nos regimes

O exercício de tempos especiais nos dois regimes (RPPS e RGPS) pode ser considerado e, neste caso, o regime receptor receberá uma CTC do regime emissor.

Tempo especial e comum

São duas circunstâncias: a) tempo especial no RPPS e comum no RGPS; e b) tempo comum no RPPS e especial no RGPS.

Diante da presença do tempo comum, o tempo especial será convertido para fins de aposentadoria.

Tempo rural

O tempo rural, no comum dos casos tido como comum (sem arredar ser especial, como é a hipótese do direito de categoria), pode ser computado num RPPS (PBPS, art. 96, V).

Tempo indenizado

De acordo com o art. 45, § 2º, do PCSS, o tempo comum indenizado se presta para ser computado para a aposentadoria especial.

Atividades concomitantes

Não é possível pensar em cômputo do tempo de serviço especial (nem o comum) exercitado ao mesmo tempo. Assim, se um servidor trabalha em área de risco no serviço público e na iniciativa particular ao mesmo tempo, ele poderá fazer jus a duas aposentadorias especiais, simultaneamente mas não portar o tempo especial.

Tempo utilizado

Se um período de trabalho já foi considerado para efeito de uma aposentadoria, ele não se presta para a contagem recíproca.

Aposentadoria proporcional

Nos casos de conversão de tempo especial para o comum, admite-se a obtenção da aposentadoria por tempo de contribuição proporcional.

Acerto de contas

A Lei n. 9.676/1999 determina um acerto financeiro entre os regimes envolvidos. Espera-se que a contribuição de 6% (ou com outra alíquota) seja levada em conta por quem disciplinar estas questões.

Emissão de CTC

Os RPPS e o INSS, agora, terão de emitir CTC, o que não faziam antes.

Acordos internacionais

Não está descartada a hipótese do tempo de serviço especial realizado no exterior em países com os quais o Brasil mantém acordo de previdência social ser considerado num RPPS.

Capítulo 9   **TEMPO ANTERIOR A 1980**

No comum dos casos, as normas se destinam ao futuro e, raramente, elas retroagem os seus efeitos. Mas elas podem valer preteritamente por disposição expressa, interpretação ou — o que é importante no Direito Previdenciário — porque, insitamente, referem-se ao passado.

Quando a Lei Eloy Marcondes de Miranda Chaves disciplinou a aposentadoria ordinária aos 30 anos para os ferroviários em 24.1.1923, esses segurados obrigatórios não tiveram que esperar até 1953 para solicitar o benefício.

Aliás, em 1923, Bernardo Gonçalves obteve a primeira aposentadoria. Quer dizer, a lei permitiu que fossem computados períodos anteriores à sua primeira disciplina.

Não houve preocupação atuarial porque o regime era de repartição simples. Se o plano de benefícios do IAPFESP fosse de contribuição definida, a aposentadoria não seria possível nos valores em que foi deferida.

Quando a Lei n. 6.887/1980 instituiu a conversão do tempo de serviço especial para o comum, ela se destinou ao futuro, mas a jurisprudência caminhou no sentido de que se o tempo especial retroativo a 26.8.1960 (quando a LOPS criou a aposentadoria especial), também seria possível a conversão para períodos anteriores à referida Lei n. 6.887/1980.

Diz a Súmula TFR n. 201: "Não constitui obstáculo à conversão da aposentadoria comum, por tempo de serviço, em especial, o fato de o segurado haver se aposentado antes da vigência da Lei n. 6.887, de 1980".

Esse entendimento deve ser aplicado a períodos especiais realizados antes de 5.10.1988 (quando a Carta Magna contemplou expressivamente a aposentadoria especial) e, também, antes de 1980, para fins de conversão e de tempo de serviço especial.

MÚLTIPLA ATIVIDADE Capítulo 10

Pode ocorrer de um servidor dedicar-se, em dois cargos distintos, simultaneamente, numa função especial, na atividade "A" e comum, na atividade "B" e receber dois vencimentos.

No pertinente à renda mensal inicial, em princípio, a especificidade da primeira atividade (determinante da aposentadoria especial) não se comunicaria por inteiro, de imediato, à segunda. Isto é, o segurado não poderia ter os vencimentos de contribuição do serviço especial ("A") somado ao do tempo comum ("B"), para fins de cálculo das mensalidades da aposentadoria especial.

Solução válida, entretanto, quando atendidos os requisitos legais em ambas as situações ("A" e "B"), inicialmente, seria a concessão da aposentadoria especial em relação aos salários de contribuição dos vencimentos correspondentes àquele vínculo "A" e ter, caso a lei assim dispusesse, os salários de contribuição dos vencimentos do outro vínculo ("B"). Caso contrário, destarte, criar-se-á situação injusta.

Eventual futura disciplina desse cenário legal implicaria na manutenção de um benefício (à evidência, que obstaria a continuidade do trabalho em área especial) até a inclusão do *quantum* do novo benefício. Rigorosamente, seria uma única prestação, inicialmente, com um primeiro montante e, finalmente, com o total agregado.

Não se pode esquecer dos médicos, dos biólogos e dos dentistas que se expõem aos agentes biológicos em dois ou mais empregos (públicos e privados).

Renda mensal

Como antecipado, não há disciplina legal para essas hipóteses incomuns, convindo examinar algumas ocorrências possíveis.

O legislador e o administrador somente consideraram a comunicação da condição especial, *per se* que, concebida em particular, seria capaz de expor o trabalhador aos efeitos deletérios da atividade ao tempo comum. Não trataram do cálculo do benefício que, por sua vez, *ex vi legis*, é naturalmente complexo.

Especial e comum

O exercício simultâneo de uma atividade comum não afeta a classificação da atividade especial. O legislador não fez distinção, ajuizando com essa situação extraordinária.

Em termos de RGPS, dizia a OS n. 564/1997: "Na hipótese de tempo de trabalho concomitante (comum e especial), se o tempo especial for exercido em caráter permanente, não ocasional ou intermitente, atividade comum não descaracteriza o enquadramento da atividade considerada especial".

Definia o tempo especial, mas sem aludir ao do cálculo do benefício.

Soma dos vencimentos

A totalização dos salários de contribuição de dois ou mais cargos comuns, bem mais frequente que as agora examinadas, segue as regras do art. 32 do PBPS.

Tal dispositivo não previu a ocorrência de duas atividades distintas (quanto à presença da insalubridade), sendo que, uma delas determina a concessão da aposentadoria aos 25 anos (homens ou mulheres) e outra, que pode ser dos 25 aos 30 anos (mulheres) e dos 30 aos 35 anos (homens).

Nem mesmo na mais hipotética situação de a segunda condição fazer pensar na aposentadoria por idade, ela foi deferida aos 60 anos (mulheres) e 65 anos (homens).

Duas atividades especiais

A renda mensal do benefício que refletisse uma dupla atividade equiparar-se--ia por inteiro à soma dos salários de contribuição, como disciplinado no art. 32 do PBPS, no caso de o segurado exercer duas atividades especiais. O raciocínio a comandar os cálculos é exatamente a da soma dos salários de benefícios de duas atividades comuns.

Comum e acidentária

Não existe aposentadoria especial acidentária; ela é classificada como não acidentária (para, outra vez, não ter de dizer comum), mas existe a aposentadoria por invalidez acidentária e comum, cujos primeiros reflexos são no período de carência (é dispensado), FGTS, garantia do emprego, FAP, etc.

Como o evento determinante da aposentadoria especial não é o sinistro (acidente do trabalho) mas, sim, correr o risco desse sinistro, não há confusão entre os dois benefícios.

Pode, entretanto, suceder de alguém trabalhar para dois órgãos públicos, fazer jus à aposentadoria especial na primeira atividade e sofrer acidente determinante da aposentadoria, por invalidez, na segunda.

Como a aposentadoria por invalidez acidentária não leva em conta o tempo de serviço (comum ou especial) e os dois benefícios são de 100% do salário de benefício, ambos os salários de contribuição poderão ser somados para efeito de aferição da renda mensal inicial.

De todo modo, se o segurado já reunira os pressupostos da aposentadoria especial (sem tê-la requerido) antes da concessão da aposentadoria por invalidez, pode-se ajuizar em deferir o primeiro benefício *ex vi* do direito adquirido, ignorando a aposentadoria por invalidez, com isso, restando dispensado da perícia médica, autorizado o segurado a voltar ao trabalho em atividade não insalubre.

Claro que, do ponto de vista do valor do benefício, é preciso examinar os salários de contribuição de cada um dos empregos. Se o trabalhador não está pensando em voltar ao trabalho e os salários de contribuição dessa atividade são maiores ele deve centrar-se na aposentadoria por invalidez.

Note-se que, neste caso, ainda que considere os salários de contribuição atividade especial como sendo comuns (para facilitar a compreensão desse imbróglio), eles deverão ser somados para dar-se cumprimento ao art. 32 do PBPS. Boa parte destes raciocínios vale para a aposentadoria por invalidez comum.

Habitualidade e permanência

Tecnicamente, estas questões de dupla atividade são complicadas no que se refere à habitualidade e à permanência.

Rigorosamente, o fato de exercer outra atividade, não especial, em princípio, não descaracterizaria a habitualidade e permanência exigida da primeira atividade, tida como especial, isolando os dois exercícios; se eliminarmos esse raciocínio, a atividade especial se revela perfeita.

Como se entende que a atividade comum não afeta a especial, se acolherá que a habitualidade e permanência não são afetadas.

Conversão de tempo de serviço

Pensando-se na hipótese da conversão de tempo de serviço, que facilitaria o cálculo da renda mensal inicial, bastaria converter o tempo especial de uma das atividades, *in casu*, a "A", transformá-la em comum e, então, adicioná-la ao tempo de serviço da atividade "B", posteriormente, seguindo os passos do art. 32 do PBPS.

Toda a teoria da conversão do tempo de serviço é aproveitada nestes casos, não sofre qualquer influência; na verdade, não é problema, mas a solução de várias dificuldades.

O que pode complicar é a situação de alguém que consiga exercer atividades determinantes de aposentadoria especial aos 15 ou 20 anos e, também, aos 25 anos e a comum.

Serviço público

É bastante comum professores, médicos e dentistas trabalharem em atividades submetidas ao RGPS e, também, a um ou mais órgãos do serviço público. Presumindo-se que preencham os requisitos legais da aposentadoria especial, a rigor, fazem jus a dois ou mais benefícios (!) que não se comunicam.

O INSS concederia a aposentadoria especial sopesando os salários de contribuição da relação de emprego celetista e cada RPPS, quando a matéria for disciplinada em lei, ponderará os salários de contribuição, isto é, os vencimentos auferidos no serviço público.

Contagem recíproca

De modo geral, a contagem recíproca suscita várias hipóteses: a) tempo especial no RGPS e num RPPS; b) tempo especial no RGPS e tempo comum num RPPS; c) tempo comum no RGPS e especial num RPPS.

Regulamentada a aposentadoria especial do servidor, o primeiro caso reduz-se a contagem recíproca de tempo de serviço como se fosse comum, ou seja, os tempos são somados e as contas acertadas entre os dois regimes.

A situação complica-se um pouco se um deles (no RGPS ou no RPPS) defere a aposentadoria aos 25 anos e o outro, aos 20 anos. Neste caso, ter-se-á de fazer a conversão especial para especial, tornando todos os especiais iguais e, em seguida, promover-se a soma dos tempos.

O segundo caso (b) apresenta o primeiro complicador, pois os dois tempos de serviço são distintos (especial e comum). Nessa hipótese, o INSS converterá o tempo especial para o comum, o qual, via contagem recíproca, deve ser somado ao comum do RPPS.

Saliente-se que seria o único caso em que o segurado somente exerceu atividade especial e o seu tempo correspondente foi convertido. Tempos contidos no RGPS exigem, pelo menos, um mês de um deles para ser possível a conversão.

Como a matéria não está disciplinada na lei nem no regulamento, melhor será se o segurado tiver um período de trabalho curto comum, facilitando a aplicação administrativa da conversão.

Finalmente, no terceiro caso (c), como desde 28.4.1995 não é possível a conversão do tempo comum em especial — bastaria converter do tempo comum para o especial, como era feito até 28.4.1995 e somar ao tempo especial do RPPS — será preciso converter o tempo especial do RPPS em comum e somá-lo ao comum, deferindo-se uma aposentadoria ao servidor do tipo NB-42.

Capítulo 11   **TIPOS DE ATIVIDADES**

A aposentadoria especial obriga estudar a ordem linguística, sob pena do aplicador da norma atrapalhar-se com as palavras.

Serviços administrativos

O serviço público compreende um conjunto de atividades, tomada esta palavra com o significado de esforço humano conjugado com o emprego da tecnologia, com vistas a um resultado programado, racionalizado e produtivo a favor da população.

Admite tarefas comuns, sem exposição ao risco ou com diminuto perigo de sobrevir uma incapacidade ocupacional e atividades especiais, denominação reservada exatamente para descrever os atos, os eventos e os procedimentos que submetem o trabalhador à possibilidade do sinistro.

Chamar de "especial" é primariedade semântica, mas a expressão consagrou-se e daí a designação aposentadoria especial.

Funções especiais

As atividades especiais, ditas de risco ocupacional, designadas como penosas, perigosas e insalubres, configuram a existência de três tipos, ou um só, caso assim se preferir, deflagrado por tríplice contingência distinta, na qual, para fins de aposentadoria especial, reclama tempos de trabalho referenciados, necessariamente, correspondentes a 25 anos de serviço.

Cada um deles submetido a um crivo diferenciado quanto aos níveis de tolerância. Quando da perquirição, é preciso não esquecer a existência de aspectos particulares inerentes ao trabalho, se presentes os riscos naturais da vida e do labor, assimilados pelo dia a dia e próprios da atividade comum.

Devem ser sopesados aqueles limites da tolerância, vale dizer, acima dos quais os organismos humanos não suportam os efeitos dos agentes nocivos e sobrevêm danos ou risco de sobrevirem. Tal parâmetro não é subjetivo, geralmente fixado em norma legal.

Criam-se questões práticas e jurídicas. Práticas, solúveis pelos especialistas, e jurídicas, a serem enfrentadas pelos interessados.

Se os métodos de proteção diminuem a intensidade ou concentração, baixando-os aquém dos patamares de tolerância de cada um dos dois, não caberia o benefício. A rigor, ele seria indevido, se for possível apurá-los com a certeza científica, se correto o pressuposto de quem fixou esses limites.

Ocupações comuns

As ocupações comuns são aquelas que, pela sua natureza, simplicidade de operação, existência de perigo mínimo e do ambiente em que são executadas, não oferecem riscos ao trabalhador. São as usuais ou as mais frequentes, no âmbito do serviço público. Por associação de ideias, o seu exercício diz respeito à aposentadoria por tempo de contribuição.

Profissões específicas

Em algum momento da história da previdência social, o legislador resolveu privilegiar certas atividades por variados motivos, até mesmo como recompensa pela participação em guerras, devido às pessoas terem sido vítimas da negligência do Estado ou porque a categoria desses profissionais desfrutou de representação política.

São ditas atividades de legislação específica, que não devem ser confundidas com as comuns, nem com as especiais, incluídas as de ex-combatente, juiz temporário, jogador profissional de futebol, aeronauta, ferroviário, anistiado, telefonista e outras mais.

Qualquer natureza

No âmbito do RGPS, pretendendo disciplinar as atividades não laborais e recreativas, normalmente praticadas nos fins de semana, por pessoas que, noutros momentos, exerceram atividades laborais de variada ordem, especiais ou comuns, urbanas ou rurais, recentemente, o legislador criou a figura da atividade de qualquer natureza. A precariedade da utilização do vocábulo "qualquer" a par do emprego da palavra "natureza", ambas muito genéricas, é lamentável.

Labores rurícolas

Atividades rurais, raramente existentes no serviço público, estão compreendidas na agropecuária e, por extensão do conceito, pesca, caça, coleta e outros meios de obtenção de produtos do mundo animal e vegetal.

Elas admitem o esforço comum, mas, raramente, o especial, exceto em algumas atividades como na parte industrial das usinas de açúcar e álcool.

Trabalhos urbanos

Em razão do *modus operandi*, em virtude da tradição e até decorrente do local em que sucedem (cidade), algumas atividades são ditas urbanas. Devido ao enorme espectro, verdadeiramente, não têm descrição, preferindo-se dizer que são citadinas as que não são rurícolas.

Atividades perigosas

Subsidiariamente, será preciso consultar o art. 193 da CLT, que conceitua perigosas "aquelas que, por sua natureza ou métodos de trabalho, impliquem o contato permanente com inflamáveis ou explosivos em condições de risco acentuado".

Ainda no Direito do Trabalho, a NR-16 trata de atividades e operações perigosas, convindo ver seu Anexo I sobre explosivos.

Visão legal limitada trata, tão somente, do risco de incêndio ou explosão, quando o espectro do perigo é muitíssimo maior.

Diferentemente da penosidade e da insalubridade, das afetações mais incisivas, a periculosidade é imanente, trata-se da possibilidade de ocorrência do evento danoso, e este, em potencial, não precisa acontecer para tê-lo presente. Risco é possibilidade, dispensado o sinistro (risco realizado). O trapezista ou aramista de um circo, o mergulhador de plataforma marítima, independentemente da pressão psicológica (medo de cair se sofrer os efeitos da pressão), convive com contingência temerária, e isso é suficiente para caracterizar a periculosidade.

Atividades penosas

Penosidade é área avara em doutrina, não sendo fácil esmiuçar seu significado, embora comuns as funções em que presente.

Pode ser considerada penosa a atividade produtora de desgaste no organismo, de ordem física ou psicológica, em razão da repetição dos movimentos, condições agravantes, pressões e tensões próximas do indivíduo. Dirigir veículo coletivo ou de transporte pesado, habitual e permanente, em logradouros com tráfego intenso, é exemplo de desconforto causador de penosidade.

Tem a particularidade de, em muitos casos, não deixar sinais perceptíveis. Os efeitos desaparecem após o descanso, restando apenas sequelas sedimentadas.

Atividades insalubres

Insalubridade é conceito amplo, envolvendo circunstâncias ambientais geradoras de distúrbios na higidez do trabalhador. A norma legal tenta definir os limites de tolerância, objeto de anexos, entre os quais: ruído de impacto, exposição ao calor e radiações ionizantes.

Para o art. 189 da CLT, são as "que, por sua natureza, condições ou métodos de trabalho, exponham os empregados a agentes nocivos à saúde, acima dos limites de tolerância fixados em razão da natureza e da intensidade do agente e do tempo de exposição aos seus efeitos".

Tal definição legal perscruta algumas dificuldades enfrentadas pelo aplicador, observador e hermeneuta. O legislador laboral considera insalubridade o risco da agressão, quando, na verdade, são cenários reais, suficientes para gerar ofensa ao organismo. Não é ficar exposto, mas estar sujeito às ações prejudiciais à saúde, como trabalhar em ambiente de temperatura alta ou baixa. O segurado pode operar em local barulhento e não ficar surdo ou ter afetada a audição. O texto reproduzido tem a virtude de admitir a existência de níveis a serem suportados, como assinalado, próprios da atividade produtiva.

Riscos ambientais

O conceito de risco ambiental pertence à área da prevenção, medicina, higiene e segurança do trabalho. Basicamente, são três os agentes determinantes: físicos, químicos e biológicos; embora outros, mais sutis, possam ser acrescentados, como os psicológicos e os políticos.

A OS n. 564/1997 diz: "aqueles que possam trazer ou ocasionar danos à saúde ou à integridade física do trabalhador nos ambientes de trabalho, em função de sua natureza, concentração, intensidade e exposição aos agentes" (subitem 12.1.2).

Natureza lembra sua essência física, química ou biológica. Alguns produtos, como o urânio, são prejudiciais em, praticamente, todas as dosagens.

Concentração é o grau de presença do agente em determinado elemento. Muito gás carbônico cria problemas respiratórios.

Intensidade significa a capacidade de causar efeitos no organismo humano. Temperaturas baixas ou altas produzem danos no corpo dos seres humanos.

Exposição quer dizer o trabalhador submetido às suas consequências, próximo, sem meios de diminuir as agressões ou não. Quem está junto de calor, frio ou umidade sofre sua influência; para o vizinho do ruído, há prejuízo à sua audição; a vibração afeta o ser humano; etc.

Por saúde, entende-se o perfeito equilíbrio biológico do ser humano. Integridade física quer dizer a preservação integral do organismo, sem afetação prejudicial por ação exterior. Conceitos assemelhados podem ser colhidos na NR-5 (Portaria SSMT n. 12/1983).

Capítulo 12   AGENTES NOCIVOS

No tocante à aposentadoria especial, a área em que mais dúvidas científicas são suscitadas é aquela que se refere à higiene, medicina e segurança do trabalho. Eduardo Gabriel Saad chegou a escrever uma obra inteira sobre o tema (*Segurança e Medicina do Trabalho*. São Paulo: LTr, 1979).

Conceito mínimo

De modo geral, são aqueles que possam trazer ou ocasionar danos à saúde ou à integridade física do servidor nos ambientes de trabalho, em função de sua natureza, concentração, intensidade ou exposição.

Agentes físicos

Os principais agentes físicos são: ruído — exposição habitual e permanente a níveis acima de 85 decibéis; vibrações; calor; frio; pressões anormais; radiações ionizantes e não-ionizantes.

Agentes químicos

São elementos químicos encontrados na forma de névoas, neblinas, poeiras, fumos, gases, vapores e, em alguns casos, em estado líquido, pastoso e gasoso. A NR-15 relaciona a maior parte desses agentes (Anexo 13).

Agentes biológicos

Agentes biológicos são microorganismos como bactérias, fungos, parasitas, helmintos, protozoários, vírus, bacilos, vermes, etc.

Riscos ergométricos

Os riscos ergométricos fazem parte da atividade do trabalhador, sendo responsáveis por um número elevado de incapacidades hodiernas. Dizem respeito à modalidade de execução do trabalho, caso de LER, tenossinovite e de outros mais.

Eventos psicológicos

Certas circunstâncias inerentes ao trabalho, principalmente nas hipóteses de funções perigosas, mas igualmente presentes nas penosas, devem-se à pressão dos circundantes, à tensão do tráfego, ao medo do ambiente, ao risco de acidente, ao perigo, ao assédio moral do superior, etc. Embora ainda não inteiramente estudados, eles não podem ser ignorados pelo analista.

Efeitos políticos

O perigo de agressão ou morte para o trabalhador prestando serviços para empresas brasileiras no exterior é grande, e, também, entre os diplomatas.

Diante da violência urbana e rural, é comum a algumas atividades a possibilidade da agressão, fato comum em relação às polícias civil e militar.

Combinação de agentes

Por vezes, a ofensa ao organismo sucede não em razão de natureza, exposição, concentração ou intensidade do agente, mas de sua combinação com outros deles.

Meio ambiente

Sem se confundir com o risco laboral, o meio ambiente em geral, as condições climáticas ou geográficas da localização do trabalho, podem se constituir em agressões à saúde e à integridade física do trabalhador, principalmente para quem trabalha ao ar livre, nas florestas, no meio aquático, na área rural, enfim, exposto às intempéries.

Perigos imprevisíveis

Os perigos previstos na legislação, por doutrina e jurisprudência, são os habituais, de modo geral, reconhecidos pela medicina e segurança do trabalho. Outros, ainda que não ocorridos, identificados ou qualificados, podem suceder e pôr em risco a higidez do servidor. Uma vez caracterizados e definidos como agentes capazes de afetar a saúde e a integridade física, têm de ser aceitos.

Rol oficial

A lista dos riscos é oficial, mas não pode ser tida como exaustiva. Tratando da questão, dizia o art. 66, § 1º, do Decreto n. 2.172/1997: "As dúvidas sobre o enquadramento dos agentes de que trata o *caput*, para efeito do disposto nesta subseção, serão resolvidas pelo Ministério do Trabalho — MTb".

A dúvida, *in casu*, é saber se determinado agente nocivo faz, ou não, parte do Anexo IV do RPS; sobre isso, convém ouvir aquele Ministério e nada mais; o resto é por conta do MPS.

AGENTE RUÍDO   Capítulo 13

Na indústria moderna, mesmo com toda a tecnologia preventiva e protetiva do trabalhador, o ruído é o agente nocivo físico que mais produz acidentes do trabalho (sem embargo de também provocar o de qualquer natureza, bastando que a habitualidade da exposição seja maior ou mais impactante que o seu nível), gerando elevado número de prestações por incapacidade e criando o ambiente laboral e jurídico ensejador da aposentadoria especial.

Introdução técnica

Essa causa deletéria propicia relevantes pesquisas de campo, desenvolvimento da medicina do trabalho e farta literatura técnica. Tuffi Messias Saliba elaborou obra clássica sobre o tema, um guia para quem desejar se aprofundar no assunto (*Manual Prático de Avaliação e Controle do Ruído*. 5. ed. São Paulo: LTr, 2009).

Dada a natureza singela deste ensaio, este capítulo limita-se à visão simples das incapacidades que acometem o obreiro. Interessa apenas as ocupacionais, pouco significando as socioacusias congênitas, degenerativas ou não laborais.

De longa data, a preocupação do MTE é enorme, não faltando programas do Ministério da Saúde e da Previdência Social visando inibir a ação danosa para a saúde e integridade do trabalhador, em face das fontes sonoras dos estabelecimentos industriais.

Depois da generalidade dos arts. 154/223 da CLT, a norma básica é a Lei n. 6.514/1977, regulamentada pelo subitem 9.3.6 da Portaria MTPS n. 3.214/1978 e o Anexo 1 — Limites de Tolerância para Ruído Contínuo ou Intermitente, da NR-15. Além da Portaria MTE n. 19/1998, que trata da audiometria e exames de referência e sequenciais.

Devem ser consultadas, ainda, a Portaria MTE n. 92/1980, a NR-17 que trata das condições ambientais de trabalho (letra *a* do subitem 17.5.2) e, mais recentemente, o Decreto n. 5.296/2004, segundo o qual deficiência auditiva é a "perda bilateral, parcial ou total, de quarenta e um decibéis (dB) ou mais, aferida por audiograma nas frequências de 500HZ, 1.000HZ, 2.000HZ e 3.000HZ" (art. 5º, § 1º, I, *b*).

Em termos administrativos, é oportuno ler a OS INSS n. 600/1998 (Nota Técnica sobre Perda Auditiva Neurossensorial por Exposição Continuada a Níveis Elevados de Pressão Sonora de Origem Ocupacional), uma verdadeira aula técnica sobre o assunto.

Em particular, enfatiza-se o art. 86, § 4º, do PBPS, que reza: "A perda da audição, em qualquer grau, somente proporcionará a concessão do auxílio-acidente, quando, além do reconhecimento de causalidade entre o trabalho e a doença, resultar, comprovadamente, na redução ou perda da capacidade para o trabalho que habitualmente exercia" (Lei n. 9.528/1997).

Jurisprudencialmente, sobre o assunto, diz a Súmula STJ n. 44: "A definição, em ato regulamentar, de grau mínimo de disacusia, não exclui, por si só, a concessão do benefício previdenciário".

Essa concepção polariza-se na incapacidade para o trabalho e ela se aplica indistintamente para o auxílio-doença ou aposentadoria por invalidez e, especialmente, para o auxílio-acidente. Assim, é preciso que a perda auditiva, qualquer que seja ela, implique em redução da aptidão do trabalhador. Nessa linha de raciocínio, o acórdão da Min. Laurita Vaz (RESP n. 773.295/SP — Proc. n. 2005.0133415-0, de 13.9.2005, in DJU de 30.9.2005, p. 556). Ou seja: é necessária a presença de três pressupostos: a) nexo etiológico; b) incapacidade; e c) maior esforço, não bastando somente constatar a deficiência auditiva.

Concepção de ruído

Uma definição de ruído não prescinde da ideia do que seja o som, fenômeno físico decorrente da vibração do ar provocada por fonte sonora. Todo ruído tem som, mas nem todo som é um ruído e, muito menos, barulho (algo perturbador e desagradável). A música é uma das mais belas manifestações artísticas da humanidade, distinguindo o homem dos animais (e olha que as aves canoras produzem trinados lindíssimos!).

O ruído, em nível elevado, é um som desagradável aos ouvidos, causando mal-estar no ser humano, ofensa fisiológica ao aparelho auditivo, perda da capacidade de escutar e danos psicológicos.

Tuffi Messias Saliba o define como "o fenômeno físico vibratório com características indefinidas de variações de pressão (no caso ar), em função da frequência, isto é, para uma dada frequência, podem existir, em forma aleatória através do tempo, variações de diferentes pressões" (ob. cit., p. 16).

Para ele, ruído contínuo é "aquele cujo NPS varia de 3 dB durante um período longo (mais de 15 minutos) de observação" (ob. cit., p. 24). Lembra que ruído de impacto ou impulsivo é "aquele que tem picos de energia acústica de duração inferior a 1 segundo, a intervalos superiores a 1 segundo" (ob. cit., p. 24).

Instrumentos de avaliação

A altura da frequência do som pode ser medida e sua unidade tradicional é o decibel, ou db(A), correspondente ao Nível de Pressão Sonora (NPS).

Todos têm uma noção intuitiva do nível do ruído, da altura do som, na medida em que ele é desagradável aos ouvidos, mesmo em se tratando de uma música. Tecnicamente, a mensuração dos diferentes patamares é feita por meio de aparelhos que determinam o NPS. Os tipos variam conforme sua precisão técnica.

Não se confundem com os analisadores de frequência, acessórios "que podem ser acoplados aos medidores de NPS (quando o tipo e o modelo permitem) para obter o espectro do som, ou seja, o NPS x frequência", no dizer de Tuffi Messias Saliba (ob. cit., p. 21). O aparelho que mede o ruído é conhecido como decibilímetro, às vezes, designado sonômetro.

Segundo o autor, outro aparelho é o audiodosímetro, instrumento para caracterizar a exposição ocupacional ao ruído, podendo-se obter a dose do ruído ou efeito combinado e o patamar equivalente.

Por último, ele cita o calibrador acústico, aparelho indispensável às avaliações de ruído, permitindo a aferição dos medidores, garantindo a precisão das avaliações (ob. cit., p. 21-22).

Ações preventivas

Uma das maiores preocupações da medicina do trabalho e da engenharia de segurança é a prevenção de acidentes do trabalho. A par dos agentes nocivos ambientais, ergométricos, DORT, um dos seus principais focos de atenção é o ruído.

Obrigadas pela legislação ou por iniciativa própria (até para fugirem da contribuição social prevista na Lei n. 9.732/1998), as empresas empreendem grande esforço no sentido de eliminar (o que nem sempre é logrado) ou atenuar os efeitos da ação deletéria ruidosa. Esse esforço empresarial foi ampliado e estimulado com a Lei n. 10.666/2003, que pode propiciar minoração da alíquota de contribuição previdenciária (Resolução CNPS n. 1.236/2004).

Fazem-no mediante várias providências organizacionais, entre as quais, o uso de tecnologias individuais (EPI/EPR) ou coletivas (EPC), consoante programas de redução do tempo de exposição.

O objetivo dessas medidas é baixar o nível de pressão sonora para aquém dos limites de tolerância e, quando possível, reduzi-los ao máximo. Mas o mundo e as empresas industriais, especialmente as metalúrgicas, são muito barulhentas. As metrópoles não escapam da poluição sonora e, talvez, o PAIR citadino seja maior que o PAIRO.

Limite de tolerância

A concepção jurídica, não necessariamente a da técnica da medicina do trabalho, em relação ao limite de tolerância do ruído, diz respeito à quantidade de decibéis que o trabalhador normal suporta, conforme cada jornada de trabalho e pressão sonora, sem que sua saúde ou integridade sejam ameaçadas, causando-lhe a disacusia ou outro agravo ao seu organismo.

Evidentemente — as normas protetivas não trabalham com essa hipótese casuística, apenas a consideram — existem pessoas que aguentam mais o ruído e outras que não suportam a sua influência. O nível escolhido pela legislação é médio e se pensa, até mesmo, em 40 anos de trabalho (sic).

Possivelmente, equivocando-se com a disjuntiva "ou" contida na oração, Daniel Machado da Rocha entende que: "A situação fática determinante do direito à prestação é a existência de perda ou redução permanente da capacidade laborativa, decorrente de acidente de qualquer natureza, para a atividade que o segurado habitualmente exerça" (Direito Previdenciário. Niterói: Impetus, 2005. p. 61). Isto porque, sobrevindo perda da audição, haverá de se pensar no auxílio-doença e, nos casos mais graves, em face da ocupação laboral, na aposentadoria por invalidez.

Para efeito de definir o direito à aposentadoria especial, conforme o Decreto n. 53.831/1964, o limite era de 80 db(A). Passou a 90db(A) e atualmente, nos termos do Decreto n. 4.882/2003, é de 85 db(A).

Em decorrência do enquadramento da incapacidade laboral, isto é, com vistas ao conceito de acidente do trabalho tradicional e suas consequências jurídicas, tem importância a causa ambiental ocupacional provocadora da diminuição da audição.

Assim, considera-se que a Perda Auditiva Induzida pelo Ruído (PAIR) tem muitas origens, entre as quais, a poluição sonora das grandes cidades e dos entretenimentos nos fins de semana, tidas como não laborais e que interessam, especialmente, ao acidente de qualquer natureza. Ao seu lado, a Perda Auditiva Induzida por Ruído Ocupacional (PAIRO) é a provocada pelo ambiente empresarial.

A OS n. 600/1998 fala em Perda Auditiva Neurossensorial por Exposição Continuada a Níveis Elevados de Pressão Sonora de Origem Ocupacional (sic), mas, da mesma forma, é a PAIRO.

Anexo IV do RPS

Em razão do auxílio-acidente, o Quadro 2 do Anexo III do RPS trata do ruído, cuidando da perda da audição no ouvido acidentado (a), redução da audição em grau médio ou superior em ambos os ouvidos acidentados (b), e redução da audição, em grau médio ou superior, no ouvido acidentado, "quando a audição do outro estiver, também, reduzida em grau médio ou superior" (c).

Duas notas esclarecem que a capacidade auditiva em cada ouvido é avaliada mediante audiometria apenas aérea, nas frequências de 500, 1.000, 2.000 e 3.000 hertz e que a redução da audição em cada ouvido é avaliada pela média aritmética dos valores, em decibéis, encontrados nas frequências de 500, 1.000, 2.000 e 3.000 hertz.

Apuração da incapacidade

Diz o subitem 1.2 — Fundamentos, Seção II, da OS n. 608/1998 que: "Para a correta compreensão e interpretação de qualquer exame e, particularmente as repercussões das alterações observadas, necessitamos, no mínimo, entender o real significado da terminologia utilizada na matéria".

Consequências da exposição

As consequências da perda da audição são de variada ordem, entre as quais, as sociais, as humanas e as profissionais, sendo que, estas duas últimas são as que mais interessam ao Direito Previdenciário.

Além do constrangimento pessoal (ainda mais que a surdez é, tradicionalmente, associada ao envelhecimento), a diminuição da capacidade de ouvir afeta sensivelmente o exercício da atividade profissional. Por isso, Tuffi Messias Saliba separa essas perdas em temporárias e permanentes (ob. cit., p. 62).

Fator de risco

Quando as empresas não cumprem as Normas Regulamentadoras e, mesmo se o fazem (elas não esgotam o universo da proteção), a possibilidade de ocorrência da perda auditiva é muito grande nos estabelecimentos industriais (e até fora deles).

O simples fato de o nível dos ruídos ficarem aquém dos limites de tolerância fixados na legislação não significa que ocorram os sinistros a serem evitados. Os agentes físicos que podem provocar são muitíssimos e parecem aumentar, justificando considerações sobre os fatores de riscos.

A OS n. 608/1998 enuncia a maioria deles, entre os quais, os ambientais, os metabólicos e os bioquímicos (sem excluir os químicos e os biológicos).

Efeitos extra-auditivos

Sendo acolhido que o som ingressa na cóclea humana por intermédio de condução dos ossos auriculares ou condução aérea, para os estudiosos na matéria, seria impossível uma assimilação do ruído por outros meios, excetuados esses, descartando essa hipótese, atribuídos os efeitos a outras causas ambientais ou pessoais.

Embora seja comum em seminários e congressos discorrer-se sobre a possibilidade de o trabalhador ser afetado pelo ruído ingressado por intermédio de outros ossos do corpo, que não os auriculares, aparentemente, a ciência médica ainda não tem definição sobre essa conclusão, divergindo os especialistas.

PERÍODOS ESPECIAIS   Capítulo 14

Dois tipos de períodos de filiação são considerados tempo de serviço especial: a) os propriamente ditos, de efetiva exposição ao perigo; e b) os por extensão do conceito.

Trabalho exposto

O principal deles é o de trabalho diante dos agentes nocivos físicos, químicos e biológicos que geram a penosidade, a periculosidade e a insalubridade.

Licença médica

No RGPS, até 28.4.1995, era considerado apenas o tempo de fruição do auxílio-doença decorrente de incapacidade resultante do exercício da atividade, mas, a partir de 29.4.1995, as instruções internas tumultuaram a matéria.

Nas OS ns. 534/1996 (subitem 25.2), 543/1996 (subitem 7.8.c) e 557/1996 (subitem 7.8), havia silêncio a respeito e, assim, o período de fruição de qualquer auxílio-doença era computado.

Com o art. 63 do RBPS, comparece o "auxílio-doença decorrente do exercício dessas atividades", e, por isso, a OS n. 564/1997 o restringiu.

Diante do texto legal, algum dia poderá ser contestada essa generosidade do decreto regulamentador. A rigor, segurado com um mês de serviço perigoso, penoso ou insalubre, requerente de auxílio-doença, em razão da exposição, permanecendo em gozo desse benefício por 15, 20 ou 25 anos, terá direito à aposentadoria especial.

Olimar Damasceno Alves lembra o Prejulgado n. 37-D da Portaria MTPS n. 3.286/1973: "É considerado tempo de trabalho, para os efeitos da aposentadoria especial, aquele em que o segurado tenha estado em gozo de auxílio-doença ou aposentadoria por invalidez, desde que concedidos esses benefícios como consequência do exercício de atividades consideradas penosas, insalubres ou perigosas" (Aposentadoria especial, in *RPS* n. 111/77).

Períodos de licença médica também são aproveitados. A norma interna não diz se remunerada ou não, mas, certamente, terá de ser a derivada da presença deletéria dos agentes nocivos.

Aposentadoria acidentária

O período de fruição de aposentadoria por invalidez, quando decorrente de acidente do trabalho, *ex vi* do art. 13, III, é considerado especial.

Períodos de descanso

A generalidade da locução "descanso" usada na legislação: feriados e fins de semana.

Licenças remuneradas

A licença-gestante, adotante e paternidade que favorecem a mulher e o homem também são consideradas.

Férias anuais

O período de férias gozadas é considerado como de exercício, valendo as anuais, em dobro ou as coletivas, mas excluídas as indenizadas.

Dirigente sindical

Até 28.4.1995, o período de gestão sindical era tido como especial, deixando de sê-lo a partir dessa data. Interpreta-se a redação original do art. 63, II, do Decreto n. 357/1991 como sendo relativa à administração sindical.

Regime de prontidão

O servidor que fica à disposição do Estado, especialmente os médicos de plantão, ainda que em sua residência, conectado mediante telefone celular e que pode ser convocado a qualquer momento, se antes e depois da emergência e, especialmente, quando do atendimento, presta serviços na área da insalubridade, é considerada especial.

Litígio com o Estado

Quando o vínculo administrativo está suspenso e o servidor não realiza tarefas que o exponham aos agentes nocivos, tal período será considerado especial, caso o reclamante ganhe a ação, tenha o período reconhecido e receba os atrasados.

Comum convertido em especial

O tempo de serviço comum não pode ser convertido em especial desde 29.4.1995.

Faltas permitidas

As faltas ao trabalho quando autorizadas pela legislação, caso de comparecimento a júri, serviço eleitoral, casamento e falecimento de pessoa da família, incorporam-se ao tempo especial de quem, antes e depois, exercitava o trabalho insalubre.

Decreto-lei n. 1.873/1981

O item V do art. 11 da ON MPOG n. 6/2010 alude a "prestação eventual de serviço, por prazo inferior a 30 (trinta) dias, em localidade não abrangida pelo Decreto-lei n. 1.873, de 17 de maio de 1981".

Greve não abusiva

Em princípio, os dias de greve, quando não for declarada ilegal, podem ser computados para efeito da aposentadoria especial.

Acordos internacionais

Quando um acordo internacional prevê o cômputo do tempo de serviço prestado no exterior para fins de aposentadoria por tempo de serviço no Brasil, caso do Tratado Brasil-Argentina, ele deve ser considerado como comum, podendo ser somado a período de atividade especial exercida no Brasil após a conversão.

Será difícil, entretanto, ser convertido tempo de serviço argentino, pois o Brasil informa apenas o tempo de serviço comum, sem conversão, descumprindo-se o princípio da reciprocidade.

Capítulo 15
INÍCIO DOS PAGAMENTOS

A data do início da aposentadoria especial conhece preceitos muito simples, por conta da tradição do Direito Administrativo em matéria de desligamento do servidor com vistas à aposentação.

A regra de que os benefícios devem começar na Data de Entrada do Requerimento não é observada no serviço público. Até porque a DER não coincide com a DAT.

Servidor em exercício

O comando segue as demais aposentadorias: não importando a DER do benefício, normalmente, será a fixada na data da publicação no Diário Oficial.

Servidor afastado

O servidor afastado que faz jus ao benefício poderia ter a DIB na DER, mas continua valendo o momento da publicação no Diário Oficial.

Aguardando instrução

Quem requereu uma aposentadoria especial aguardará a concessão durante a fase da instrução do pedido.

Direito adquirido

Com direito, solicitado o benefício a destempo, isto é, anos após o atendimento dos pressupostos legais, propõe-se, aqui, como para outras prestações, a aplicação do direito adquirido.

A regra legal é o benefício ser calculado com base nos últimos salários de contribuição; porém, antes disso, tendo preenchido os requisitos legais, assegurando o direito, se o segurado desfrutava salários de contribuição de valor maior, estes devem ser utilizados para o cálculo.

Se não for atendida essa pretensão, ele poderá pretender na Justiça Federal a obtenção da renda mensal inicial calculada sobre o período básico de cálculo precedente à reunião de tais pressupostos legais.

Transformação de outro benefício

Percipiente, por exemplo, de aposentadoria por tempo de serviço, se requerer a aposentadoria especial e provar todas as condições especiais de trabalho, na esfera administrativa, a data do início coincidiria com o protocolo do pedido, não importando quando deferido, mas, possivelmente, a Administração Pública adotará a mesma regra da publicação no Diário Oficial.

Começo judicial

Solicitado na Justiça Federal, divergem os julgados do Poder Judiciário. Poderia ser quando o RPPS tomasse conhecimento da ação (espécie de DER), tendo a 2ª Turma do TRF da 3ª Região, na Apelação Cível n. 1989.03.34363-8, assim entendido (in DOE de 6.4.1990, p. 112).

Discutindo qual o momento, se concedido administrativamente, o acórdão de 1990, do TRF da 3ª Região, na Apelação Cível n. 1989.03.43117-0, julgou ser o da data de entrada do requerimento.

Dispensando o pedido no âmbito administrativo, o acórdão da 1ª Turma do TRF da 4ª Região, proferido na Apelação Cível n. 1989.04.17563-1, optou pela data da propositura da ação (in DOE de 1.8.1990).

Completando-se o período aquisitivo do direito no curso da ação, as mensalidades começam na data da sentença (acórdão da 1ª Turma do TRF da 4ª Região, na Apelação Cível n. 1989.04.17.6573-9, in DJU de 5.9.1990).

Prazo para revisão

Não existem determinações sobre a data do início da inclusão de valores que não compareceram no salário de contribuição quando da instrução do pedido, prescrevendo as mensalidades anteriores a cinco anos (parágrafo único). Talvez se possa adotar a regra do art. 103 do PBPS, que é dez anos.

Volta ao trabalho

Se um percipiente do benefício, cuja concessão deve-se ao exercício de atividade especial, indevidamente, voltar ao trabalho em ambiente especial, o benefício será suspenso e não cancelado. Nesse caso, o pagamento das mensalidades será retomado no dia seguinte ao da cessação da atividade vedada. Não se tratando de novo benefício, as mensalidades anteriores a suspensão serão restabelecidas, promovido o reajustamento da renda mensal em razão da inflação, como se tivesse recebido a prestação todo o tempo.

NÍVEIS DE TOLERÂNCIA

Capítulo 16

Os níveis de tolerância são constatações importantes para a definição do direito à aposentadoria especial. Variando as circunstâncias, são conceitos ou convenções positivados em normas jurídicas.

Em seu art. 170, a OS n. 95/2003, na redação dada pela in INSS n. 99/2003, estabeleceu alguns critérios, inclusive fixando o nível de ruído para as várias hipóteses possíveis: de 80 db (A), 85 db (A) e 90 db(A); critérios do art. 171; calor (art. 172); radiações ionizantes (art. 173); vibrações (art. 174); agentes químicos (art. 175); e agentes biológicos (art. 176).

Conceito básico

As normas trabalhistas reconhecem a existência de adversidades do trabalho, isto é, a presença de agentes nocivos à saúde ou à integridade física do servidor. Tais agressões fazem parte da vida humana e muitas delas também são constatadas nas residências ou nos logradouros públicos, quando, cientificamente, tidas como suportáveis.

Na maioria dos casos, avaliações técnicas estimaram patamares de concentração, intensidade, natureza, combinação de agentes, que podem ser suportados pelo organismo humano sem grandes danos, por assim dizer, fazendo parte do cenário laboral e praticamente impossível de ser eliminados por EPI ou EPC.

Níveis de tolerância, quando fixados legalmente, são aqueles aceitos no local de trabalho, por definição sem eficácia para causar danos ao organismo do servidor, próprios dos ambientes ou atingidos graças ao uso de EPC ou EPI.

Para a NR-15, é a concentração ou intensidade máxima ou mínima, relacionada com a natureza e o tempo de exposição ao agente, que não causará dano à saúde do trabalhador, durante sua vida laboral.

No dizer de Edwar Abreu Gonçalves (*Segurança e Medicina do Trabalho em 1.200 Perguntas e Respostas*. 2. ed. São Paulo: LTr, 1998. p. 225), "ao contrário, se o trabalhador exercer atividade comum, exposição a agentes insalubres acima dos limites de tolerância prefixados e sem a proteção adequada, fará jus ao adicional de insalubridade".

Ente definidor

Em cada caso, eles serão estabelecidos por normas administrativas inspiradas, principalmente, nas Normas Regulamentadoras da legislação trabalhista que cuida da segurança, higiene e proteção ao trabalho.

Circunstâncias laborais

Nem todas as normas estão regradas na legislação; algumas ainda não têm definição científica e devem ser perquiridas.

Direito ao benefício

Subsiste vínculo direto: quando o trabalhador está exposto aos agentes nocivos aquém dos limites de tolerância, ele não faz jus ao benefício.

Tal ideia, que é construção jurídica, nem sempre é compreendida. Para que haja direito ao benefício, é preciso que a exposição ponha em risco o trabalhador, mas se os níveis permitem a convivência, descabe falar no benefício; o servidor fica na mesma situação daqueles que não cogitam da prestação.

Enquadramento oficial

Quando as normas trabalhistas especificam os limites de tolerância, o RPPS se louvará nelas; se isso não acontecer, terá de se basear na opinião dos signatários do laudo técnico (submetido ao seu crivo). Subsistindo dúvida, ele pesquisará junto às entidades especializadas. Nada obsta esse trabalho ser feito, também, pelas empresas, associações ou sindicatos, e oferecido ao RPPS.

Consequências da exposição

Caso os servidores estejam submetidos a riscos fora dos limites de tolerância, dependendo de sua intensidade ou concentração, diversos efeitos poderão sobrevir na órbita fiscal, laboral (adicionais) e previdenciária (benefício).

Adicionais trabalhistas

É altamente provável que seja obrigatório o pagamento de adicional trabalhista correspondente.

Documentos inidôneos

Se o órgão público, por meio do PPP e do LTCAT, não tiver condições de informar ao RPPS as reais condições a que se submeteu o servidor, mesmo diante da realidade de ele operar exposto a trabalho fora dos limites de tolerância, o RPPS não terá condições de deferir a prestação.

Deve haver empenho, nesse sentido, para não prejudicar o obreiro, evitando-se que este tome outras providências acautelatórias do seu direito subjetivo.

Capítulo 17 **HABITUALIDADE E PERMANÊNCIA**

Habitualidade e permanência, decerto, são dois conceitos difíceis de serem apreendidos em cada caso, convindo esmiuçá-los até onde possível, não só recorrendo à legislação, como examinando situações particulares.

Razões da exigência

Diante da excepcionalidade do direito, que diminui o tempo de serviço para os 25 anos, conforme o risco da atividade, para fazer jus à pretensão, entende o legislador que o servidor terá de ficar exposto todo o tempo aos agentes nocivos. Durante a jornada de trabalho por inteiro.

Fontes formais

A Lei n. 8.213/1991, em seu art. 57, § 3º, na redação dada pela Lei n. 9.032/1995, alude ao "tempo de trabalho permanente, não ocasional nem intermitente", não mencionando a habitualidade. A primeira referência histórica ao tema comparece no Decreto n. 53.831/1964: "(...) do tempo de trabalho permanente e habitualmente prestado no serviço ou serviços (...)" (art. 3º).

Igual pode ser visto no art. 60, § 1º, do Decreto n. 83.080/1979.

O RPS fala em tempo de trabalho permanente, não ocasional nem intermitente (art. 64, § 1º).

A OS n. 600/1998 define trabalho permanente (subitem 1.1.1, a) e não ocasional nem intermitente (1.1.1, b).

Conceito básico

O conceito de habitualidade e permanência, objeto de instruções internas, raramente constante da lei, vem sendo perquirido desde algum tempo a esta parte com mais rigor. A OS n. 564/1997, em seu subitem 12.1.1, a, definia trabalho permanente como: "aquele em que o segurado, no exercício de *todas as suas funções*, esteve exposto a agentes: nocivos físicos, químicos e biológicos, ou associação de agentes" (grifos nossos). Ela silenciava quanto à habitualidade. Igual redação colhia-se no subitem 1.1.1 da OS n. 600/1998.

A dificuldade na redação é patente no texto. *Todas as suas funções* significa a atividade laboral por inteiro. Efetivamente, é sutil; não é tecnicamente fácil saber, em cada circunstância, quando se dá, realmente, a exposição aos agentes nocivos.

Curiosamente, não diz todo o tempo, mas tem de ser. Além de o resultado, por vezes, apresentar-se com carga de subjetividade — atinge um paciente e não outro —, o nível da nocividade varia conforme a natureza da circunstância agressora e o ambiente.

A ciência médica admite que, em certos cenários e diante da concentração do agente nocivo, mesmo com pequenos afastamentos, a proximidade continua põe em risco a saúde ou a integridade física do trabalhador.

De qualquer forma, o ideal é descrever o cenário, deixando ao crivo da autarquia a decisão quanto à frequência. Para produzir efeitos jurídicos perante o RPPS, as afirmações devem constar do laudo técnico, de forma incisiva e imperativa, comprometendo, cientificamente, o profissional e obrigando-o a fundamentar doutrinariamente o alegado.

Labor habitual

Labor habitual é o realizado durante todos os dias da jornada de trabalho do servidor. O critério de habitualidade e permanência é específico para quem se exercita durante todo o tempo sujeito aos agentes nocivos.

Entendem-se compreendidos nessa jornada, os diversos períodos legais para repouso, atendimento de necessidades fisiológicas, descanso semanal remunerado, feriados e férias anuais.

Habitualidade significa todos os dias do mês de trabalho. Uma repetição de obrigações diuturnas própria do serviço executado. O critério de habitualidade e permanência é específico para quem se exercita durante toda a jornada de trabalho exposto aos agentes nocivos.

A OS n. 600/1998, em vez de falar em habitual, preferia aludir a "trabalho não ocasional nem intermitente: aquele em que na jornada de trabalho não houve interrupção ou suspensão do exercício de atividade com exposição aos agentes nocivos, ou seja, não foi exercida de forma alternada, atividade comum e especial" (subitem 1.1.1, *b*).

Labor permanente

Permanência quer dizer todo o tempo da jornada de trabalho. Para o subitem 1.1.1 da OS n. 600/1998, é "aquele em que o segurado, no exercício de todas as suas funções, esteve efetivamente exposto a agentes nocivos físicos, químicos e biológicos ou associação de agentes".

Servidor à disposição

O critério legal da habitualidade e permanência é jurídico, calcado em certa realidade física, mas trata-se de ficção. Por isso, inclui períodos de não exposição aos agentes nocivos. Nessas condições, em algum momento, quem fica à disposição da repartição para, quando solicitado, ter de trabalhar em ambiente insalubre, durante o plantão, é como se estivesse trabalhando exposto aos agentes agressivos.

Ocasional e intermitente

Ocasional e intermitente é aquele durante o qual "houve interrupção ou suspensão do exercício de atividade com exposição aos agentes nocivos, ou seja, não foi exercitado de forma alternada atividade comum e especial" (subitem 12.1.1, b, da OS n. 564/1997). É instante sem mensuração de tempo, acontecimento fortuito, previsível ou não, sem a frequência da intermitência ou da habitualidade.

Intermitência é a prestação de serviços programados para certos momentos inerentes à produção, seja a hora ou o dia da semana.

A ON MPOG n. 6/2010 rejeitou o trabalho intermitente (art. 2º).

Afastamento do local de trabalho

Repete-se. Para o subitem 12.1.1, b, da OS n. 564/1997, ocasional e intermitente é aquele durante o qual, na jornada de trabalho, "houve interrupção do exercício de atividade com exposição aos agentes nocivos, ou seja, não foi exercitada de forma alternada atividade comum e especial".

É quando, pela essência da função, o trabalhador eventual (isto é, ocasionalmente) ou repetidamente, a certos intervalos (intermitentemente), submete-se à exposição dos agentes nocivos.

Se as idas ao serviço médico ou ao refeitório são próprias do trabalho, elas fazem parte do caráter habitual e permanente. Convém lembrar que, durante as necessidades fisiológicas, entre elas a alimentação, por ocasião do descanso semanal remunerado e as férias anuais, o servidor não fica exposto aos agentes nocivos, mas, por ficção jurídica, é considerado como período especial.

Em relação às visitas à produção, impostas pela natureza de sua função ou ocupação, será preciso considerar o tempo gasto. A norma silencia a respeito; dessa forma, não poderá o servidor ali permanecer mais do que o absolutamente necessário, pois só tem direito ao benefício se ele pertencer à produção e tal atividade obrigar, com frequência, seu afastamento da função.

Jornada parcial

A norma é clara no tocante à exposição dever ser habitual e permanente. É conceito jurídico-legal (e não fático); trata-se de ficção que admite sua presença nos descansos diários, semanais ou anuais.

Caso o segurado não fique todo o tempo exposto ao agente nocivo, por presunção legal, é como se o ambiente oferecesse condições abaixo dos níveis de tolerância.

Grosso modo, a princípio, apenas para raciocinar, *ad argumentandum*, de forma simplista, ficar 50% da jornada sujeito a 90 decibéis equivaleria, para fins de avaliação da possibilidade de agressão ao aparelho auditivo, a permanecer toda a jornada diante de 45 db(A).

Jornada integral

O conceito de permanência reclama o cumprimento integral da jornada de trabalho. Alguém prestando serviços durante 7,20 horas por dia, mas apenas quatro delas exposto à agressão, não está caracterizando a permanência. Caso, por sua natureza, a exemplo dos médicos, a jornada seja menor do que a habitual (quatro horas), ele terá de ficar todo esse tempo diante do agente nocivo. Um tempo mínimo de permanência próximo ao risco, em comparação com a jornada total, não caracteriza a habitualidade nem a permanência.

Regime de turno

O período para a alimentação enquadra-se na ficção protegida pela norma jurídica. Quem, parado ou ocioso, sem atividade ou alimentando-se, goza da presunção de estar nas mesmas condições do labor.

Ingressos nas unidades de produção

A indagação tem a ver com o conceito de habitualidade e permanência, e não ocasionalidade nem intermitência. Postado na área de atuação, está em contato direto com os agentes nocivos presentes na produção e, respeitadas as demais condições, caracteriza o direito; eventualmente, por brevíssimo tempo, se deixa esse sítio e visita a administração, permanece com a situação inalterada. Obviamente, vai depender de quanto tempo ali se situa, especialmente, quando é condição do serviço ou ocorre ocasionalmente.

Por outro lado, e na mesma linha de inteligência, segurado da linha administrativa, por pouco tempo e até algum tempo, ingressando na área de produção, não faz jus ao benefício.

A dosagem do que é pouco ou muito dependerá do agente nocivo ou do risco a ser avaliado pelo profissional que declarará o fato ao INSS. Faz parte do conhecimento médico que uma hora sob 50 db (A) não é a mesma coisa que 30 minutos sob 100 db (A) e assim por diante.

Declarante das condições

A responsabilidade pela declaração da presença da habitualidade e permanência (ou não ocasionalidade nem intermitência) é da empresa, de quem firma o PPP (normalmente, alguém do setor de recursos humanos). Caracterizada a materialidade e a consumação, e definida a autoria do crime de falsidade ideológica, o autor poderá ser responsabilizado penalmente.

Jornada diferenciada

Se alguém observa jornada diferenciada (caso dos médicos ou das telefonistas) e a executa por inteiro, não há prejuízo para o conceito de habitualidade ou permanência.

A redução da jornada por acordo ou convenção coletiva ou sentença normativa, sem afastamento do servidor nas demais horas, para outros serviços, não descaracteriza a habitualidade e a permanência (item 12 da OS n. 98/1999).

Todas as funções

Significa a atividade laboral por inteiro. Efetivamente, é mais sutil, pois não é tecnicamente fácil saber, em cada caso, quando se dá realmente a exposição aos agentes nocivos.

Além de o resultado ser, por vezes, subjetivo — atinge um paciente e não outro — o nível de ofensa varia conforme a natureza ou a integridade do agente.

Direito de categoria

A atividade dos segurados beneficiados pelo direito de categoria, válido até 28.4.1995, além de ser na categoria profissional declarada, terá de ser todo o tempo.

TECNOLOGIA DE PROTEÇÃO — Capítulo 18

Em razão da presença constante, eventual ou intermitente de agentes nocivos no ambiente laboral acima dos limites de tolerância, com vistas à prevenção de acidentes ou para tentar elidir as doenças profissionais ou do trabalho, foram criados instrumentos físicos de eliminação ou minoração dos efeitos danosos.

São individuais e coletivos, conhecidos, respectivamente, como EPI e EPC. No caso mais comum, atenuam e, em alguns deles, evitam totalmente a ação deletéria.

Proteção individual

Considera-se Equipamento de Proteção Individual (EPI) o instrumento pessoalmente posto à disposição do servidor, por força de exigência legal ou não, que evite, atenue ou elimine a presença do agente nocivo, tais como: protetor auricular, avental, bandana, máscara, bota, cinto de segurança, óculos especial, creme de proteção solar, etc.

Proteção coletiva

Equipamento de Proteção Coletiva (EPC) é construção erigida pela repartição visando defender o servidor dos infortúnios do trabalho.

Conforme Tuffi Saliba, Márcia Angelim, Lênio Amaral e Rubensmidt Riani, enfocando exclusivamente o ruído, "a simples utilização do EPI não implica a eliminação do risco de o trabalhador vir a sofrer diminuição da capacidade auditiva. Os protetores auriculares, para serem eficazes, deverão ser usados de forma correta e obedecer aos requisitos mínimos de qualidade representada pela capacidade de atenuação, que deverá ser devidamente testada por órgão competente. O uso constante do protetor é importante para garantir a eficácia da proteção" (*Higiene do Trabalho e PPRA*. São Paulo: LTr, p. 38).

Os EPC e EPI, embora não devessem, afetam a teoria técnica e jurídica da aposentadoria especial. Quem tem de avaliá-los é o emissor do LTCAT e, depois, o médico perito do RPPS.

Proteção respiratória

A tecnologia de proteção do trabalhador inclui o Equipamento de Proteção Respiratória (EPR). São recursos simples como máscaras de atendentes, enfermeiros, médicos e outros mais sofisticados, como aparelhos colocados no rosto.

Utilização da tecnologia

Ditava o subitem 12.2.5 da OS n. 564/1997: "O uso de Equipamento de Proteção Individual — EPI não descaracteriza o enquadramento da atividade sujeita a agentes agressivos nocivos à saúde ou à integridade física", silenciando quanto a instrumentos coletivos, mas a conclusão deve ser a mesma.

O dispositivo era conflitante. Se o equipamento evita a agressão ou reduz as consequências a limites suportáveis, igualando o ambiente ao da atividade comum, não se imporia a aposentadoria especial. O raciocínio do órgão gestor pressupõe a incapacidade de tais equipamentos e, na dúvida, aceita os laudos técnicos e promove o enquadramento.

A OS n. 600/1998 evoluiu em relação à OS n. 564/1997. Manteve a informação de que a utilização de equipamento de proteção (então, não distinguindo se individual ou coletivo) não descaracteriza o enquadramento na atividade (subitem 2.2.8).

A seguir, determinou: "Se do laudo técnico constar a informação de que o uso de equipamento, individual ou coletivo, elimina ou neutraliza a presença do agente nocivo, não caberá o enquadramento na atividade como especial" (subitem 2.2.8.1).

Dizia o art. 58, § 2º, do PBPS: "Do laudo técnico referido no parágrafo anterior deverão constar informação sobre a existência de tecnologia de proteção coletiva que diminua a intensidade do agente agressivo a limites de tolerância e recomendação sobre a sua adoção pelo estabelecimento respectivo".

Proteção coletiva

Medidas coletivas de controle são políticas gerais, visando a proteção agrupada do servidor. Têm sido colocadas em primeiro lugar, antes das soluções administrativas e dos equipamentos individuais. Com elas, a repartição diminui o impacto principal dos agentes nocivos e, normalmente, por sua extensão, acaba protegendo os exercentes de atividades comuns.

Basicamente, são:

a) providências urbanísticas e arquitetônicas, dificultando a possibilidade de agressão à integridade física do servidor;

b) programas preventivos;

c) tecnologia eliminadora ou atenuadora dos riscos ambientais (físicos, químicos ou biológicos);

d) treinamento do pessoal de segurança;

e) indicações administrativas (redução do tempo de exposição).

Imposição legal

A Lei n. 9.732/1998 alterou a redação do § 1º do art. 58 da Lei n. 8.213/1991, definindo o ônus de apresentar DSS 8030 e laudo técnico, "nos termos da legislação trabalhista" e, determinando, no § 2º: "Do laudo técnico referido no parágrafo anterior deverão constar informação sobre a existência de tecnologia de proteção coletiva ou individual que diminua a intensidade do agente agressivo a limites de tolerância e recomendação sobre a sua adoção pelo estabelecimento respectivo".

Em razão dessa clara determinação legal, a Portaria MPAS n. 5.404/1999, em seu art. 3º, II, preceituou: "quando a utilização dos equipamentos de proteção coletiva ou individual possibilitar a neutralização ou redução do agente nocivo aos limites de tolerância, a referida exposição não será considerada para fins de concessão de aposentadoria especial".

Embora a utilização de equipamento de proteção individual precedesse a Lei n. 9.732/1998, esta, afetando o § 2º do art. 58 (como já o fizera a Lei n. 9.528/1997), exigiu que dos laudos técnicos deveriam constar a "informação sobre a existência de tecnologia de proteção coletiva ou individual que diminua a intensidade do agente agressivo a limites de tolerância e recomendação sobre a sua adoção pelo estabelecimento respectivo".

Eficácia da exigência

Por isso, pondo fim à exigência pretérita, a IN n. 7/2000 determinou que somente laudos técnicos emitidos após 13.12.1998 é que deveriam conter referência à utilização do EPI.

Tolerância da nocividade

Não basta o trabalhador se exercitar na área onde presentes os agentes nocivos; de regra, é preciso, em cada caso, ele ficar exposto a níveis superiores aos de tolerância. Cientificamente, se em certo cenário laboral são constatados 90 decibéis, há razões suficientes para ameaçar o aparelho auditivo do operador, mas isso não será verdade quando apurados 60 decibéis.

Aquém do nível

Destarte, caso todo o tempo, em caráter habitual e permanente, algum protetor individual realmente reduzir o nível de 90 para 60 db(A), obviamente, não caberá o benefício. Todavia, existem situações sutis em relação a certos indivíduos ou maior proximidade dos números. É da norma jurídica, não necessariamente do conhecimento técnico, que os efeitos dos agentes nocivos reduzidos diminuem os danos ao organismo; se isso não for experimentalmente confirmado, deverá ser demonstrado à Administração Pública propondo-se o aperfeiçoamento da regulamentação.

Afirmatividade do LTCAT

Derradeiramente, se o profissional habilitado declarar que o servidor usou o equipamento de proteção ou existiram sistemas coletivos garantidores do resultado, portanto não houve risco para a saúde ou integridade física, o RPPS terá de indeferir a pretensão do segurado.

Posição jurisprudencial

Vale lembrar que a Justiça Federal vem admitindo o direito à aposentadoria especial dos trabalhadores mesmo que tenha se utilizado dos EPI.

Capítulo 19 MEIOS DE PROVA

O direito à aposentadoria especial pressupõe a demonstração de exigências legais próprias da prestação à administração do RPPS. Para esse feito, são admitidos todos os meios constitucionais e legais de prova (CF, art. 5º, LV).

De modo geral, eles serão documentais, testemunhais e periciais, com provas próprias e emprestadas, no âmbito do serviço público e fora dele (*A Prova no Direito Previdenciário*. 2. ed. São Paulo: LTr, 2009).

Igual raciocínio vale para a apreciação dos períodos especiais úteis para a conversão do tempo comum para o especial.

A prova direta da execução de serviço especial faz-se, normalmente, com os documentos tradicionais, subsistindo resistência natural para declarações, soluções indiciárias e justificações administrativas, pois, além de demonstração pura e simples, essa persuasão estará referindo-se a exercício em condições diferenciadas das comuns.

Em relação aos trabalhadores sujeitos ao RGPS, a 1ª Turma do TRF da 3ª Região, em decisão de 1992, na Apelação Cível n. 1989.03.03354.0, entendeu: "na falta de perícia no local de trabalho, o suprimento da prova por meio de provas documentais e testemunhas" (DOE de 16.3.1992, p. 125).

Tempo de serviço

A demonstração dos 25 anos de serviço público é feita com documentos da própria repartição pública e de outros entes da República, por meio de contagem recíproca.

Os dez anos no serviço público e os cinco anos no cargo também serão evidenciados com demonstração da repartição pública.

Atividade especial

De regra, a prova do exercício de atividades de submissão aos agentes nocivos será promovida com o PPP e o LTCAT. Mas outros instrumentos serão admitidos, entre os quais, os documentos trabalhistas.

Percepção de adicionais

Corretamente, o art. 2º, § 2º, da IN SPPS n. 1/2010 rejeita a percepção de adicionais trabalhistas, talvez eles possam ser presunções, indícios, indicações, sem que se constituam em provas convincentes.

Justificação administrativa

O exercente de atividade especial não está impedido de tentar utilizar-se da justificação administrativa prevista no art. 108 do PBPS, mas terá de carrear, exaustivamente, comprovantes materiais desse exercício particular.

Simples fotos, holerites, recibos de pagamento, até mesmo a folha de pagamento (prova boa para outros benefícios, como a aposentadoria por tempo de contribuição), não serão suficientes.

No item 2.1.4, a OS n. 600/1998 comandava: "Quando se tratar de empresa extinta, desde que comprovada a sua extinção através de documentos oficiais, será dispensada a apresentação do formulário DSS 8030, podendo ser processada a Justificação Administrativa, desde que na Carteira Profissional conste registro relativo ao setor de trabalho do segurado e exista laudo técnico contemporâneo emitido à época da existência da empresa".

Mas essa condição não se sustenta, porque de nada servirá rejeitar a justificação administrativa, de custo menor para todas as partes, se o segurado poderá fazer a prova em juízo.

Depoimento testemunhal

A despeito do que diz a IN SPPS n. 1/2010, desde que acompanhado o início razoável de prova material, o depoimento testemunhal deve ser tido como persuasão válida. A Administração Pública terá de instituir um tipo de justificação administrativa igual a do INSS, numa tentativa de evitar dissídios judiciais.

O depoimento testemunhal sofre restrições em Direito Previdenciário, pois é admitido, tão somente, quando o cenário não comporta prova documental (*v. g.*, doméstico, trabalhador rural, etc.).

Mas acompanhado de prova ou início razoável de prova material, não deverá ser desprezado, especialmente partindo de colega de serviço que prestou serviços no mesmo local, ou não, na mesma época e, melhor ainda, se o seu trabalho foi considerado especial.

O art. 2º, § 2º, da IN SPPS n. 1/2010 rejeita a prova exclusivamente testemunhal. *In casu*, não eliminou, expressamente, uma eventual justificação administrativa, desde que acompanhada de início razoável de prova material.

Perícia judicial

Iguais observações anteriores valem para a perícia judicial e, mesmo, esta ficará a critério do órgão gestor do RPPS avaliá-la, salvo se contida em pedido de benefício, alcançado este pela sentença.

A perícia judicial *in loco* é de grande valia para a prova do exercício das atividades inóspitas. Requerida Justiça Federal nos autos de uma ação, ela tem relevante poder de convencimento.

Afirmação a destempo

Declarações formuladas não oportunamente, em relação a ambientes de trabalho não mais existentes, desfigurados pela ação do tempo ou por modificações do cenário, resultam em dificuldades, salvo se possuírem as características básicas dos documentos da época.

Informação de sindicatos

A não ser em conjunto com outras provas, reforçando-as, os esclarecimentos prestados pelos sindicatos têm pouco poder de persuasão junto da Administração Pública. Reforçam o pedido, mas *per se*, isolados, não convencem a autarquia, carecendo de reforço da demonstração.

Consulta ao órgão público

Oferecendo documentos, o segurado pode fazer consulta ao órgão público sobre a prova do tempo de serviço, mas será preferível, pelos efeitos práticos e jurídicos, requerer a averbação do período.

Averbação de tempo de serviço

Como medida cautelar (as condições atuais podem desaparecer), o segurado tem o direito de oferecer as provas do alegado e solicitar não apenas o reconhecimento do tempo de serviço, mas sua averbação em registro próprios do RPPS.

LTCAT terceirizado

Segundo a *mens legis*, o ideal é o médico do trabalho ou o engenheiro de segurança da própria repartição emitir o laudo técnico, mas a lei não veda a possibilidade de esse documento ser elaborado por perito habilitado autônomo, ou por instituição privada ou pública especializada, estranha ao quadro de pessoal, convindo, sempre, manter cópia em seus arquivos, principalmente, quando se tratar de laudo técnico individual.

Nessas condições, recomenda-se o referido especialista ser acompanhado pelo profissional da empresa; este último sempre estará em melhores condições de propiciar informações úteis à verificação.

Comprovação por similaridade

Quando não mais existirem sinais do estabelecimento, se muitos anos se passaram ou se ele sofreu alterações, com novas instalações e modificações do meio ambiente, ou caso a própria repartição materialmente tenha desaparecido, somente restará ao segurado a prova por similaridade. O médico do trabalho e o engenheiro de segurança, então, terão trabalho redobrado.

Além do LTCAT propriamente dito, em muito auxiliar a prova fazer relatório circunstanciado e discriminativo das condições examinadas, para a conclusão assumir poder de convencimento.

Entende-se por similaridade os peritos localizarem estabelecimento igual ou assemelhado, onde é feita a inspeção, variando as conclusões alternativamente em conformidade com a identidade, ou não, dos cenários. Tal incumbência não é das mais fáceis, pois, por exemplo, não podendo ser presumido, como saber o nível de ruído de máquina hodiernamente inexistente? Todas as afirmações terão de ser fundadas, aduzindo-se os critérios adotados e o porquê das conclusões.

Reconstrução ambiental

Diante da ausência de documentos fundamentais que comprova a insegurança do ambiente laboral das repartições públicas, elas podem promover levantamento ambiental histórico a partir de meios e documentos válidos.

Laudos rejeitados

Não muito claramente, os incisos I e II do § 4º do art. 9º da IN SPPS n. 1/2010 falam em "atividade diversa" e "órgão público ou equipamentos diversos".

Dá a impressão de que não exigem laudos diversificados e que, *en passant*, dispõem sobre a matéria, mas aceitariam apenas documentos específicos.

Até porque, todos eles, de forma clara, objetiva, não hesitante, terão de afirmar categoricamente que o segurado expôs a sua saúde ou integridade física aos agentes nocivos em caráter habitual e permanente, acima dos limites de tolerância, ou seja, que esses bens do ser humano correram o risco de perecer.

Laudos acolhidos

Acompanhando o RGPS, o art. 10 indica cinco modalidades de laudos aceitáveis:

a) Determinação da Justiça do Trabalho.

b) FUNDACENTRO.

c) MTE ou DRT.

d) Individuais.

e) Demonstrações ambientais constantes do PPRA, PGR, PCMAT e PCMSO.

Laudos particulares

Laudos particulares, isto é, emitidos por profissionais de medicina ou segurança do trabalho, que operam na iniciativa privada, têm de ser igualmente considerados na ausência de documentos oficiais.

Convencimento oblíquo

Por prova indireta entende-se quando inexistente ambiente similar ou análogo, socorrendo-se o perito de raciocínios indiciários, tabelas preexistentes, experiência histórica, balanços de ocorrências, repetições de acontecimentos, requerimentos de auxílio-doença, casos semelhantes, situações parecidas ou iguais.

Uso da analogia

Não se pode desprezar o uso da analogia que é válida na ausência total de qualquer outro recurso possível.

A IN SPPS n. 1/2010 não acolhe laudos realizados em localidade diversa daquele em que houve o exercício da atividade (art. 9º, § 4º, III).

Encargo do titular

Pelo sistema administrativo implantado ao longo dos anos, em consonância com o qual, possivelmente, o órgão gestor do RPPS não deterá todas as informações necessárias, o interessado assume o encargo de provar as condições inóspitas exigidas.

Contribuições

Com a aposentadoria especial, resulta que o servidor sujeito ao desconto só não tem de comprovar ter havido o recolhimento das contribuições que sofreu (11%).

Tudo o mais é por sua conta, principalmente, se a repartição pública não dispuser de registros. Para os demais dados, até essa prova é insofismável, pois a prestação é característica do obreiro subordinado.

Fatos pessoais

No mínimo, além da prova de endereço (feita com a conta de luz ou de telefone e, até mesmo, carta recebida), deve informar os dados cadastrais, como: 1) nome; 2) idade; 3) local de lotação (onde executa as tarefas); 4) períodos de trabalho; 5) cargo, função e qualificação profissional; 6) remuneração no período básico de cálculo; 7) jornada de trabalho; 8) atividade principal do órgão público; 9) se estatutário efetivado.

Tempo de serviço

Como ocorre com a aposentadoria por tempo de contribuição, precisa-se demonstrar o tempo de serviço, dispensado de promover o cálculo da conversão de tempo especial em comum.

LTCAT

Finalmente, juntar o LTCAT, elaborado pela repartição ou proveniente de terceiros; terá de pagar por ele, principalmente, quando terceirizado.

Similaridade ou analogia

Nos casos de comparação, similaridade ou analogia, ou diante de negativa, em grau de recurso, fazer a prova exaustiva de ter ficado exposto aos riscos ambientais por todos os meios legítimos em direito admitidos.

Admissões jurídicas

Poucas presunções beneficiam-no e, por isso, está obrigado à demonstração concreta dos elementos definidos em lei.

Portaria de nomeação

Vale lembrar que os documentos públicos relativos à aposentadoria especial, sobre os quais não pairem dúvidas quanto à autenticidade material, nessas condições, gozam da presunção relativa de veracidade.

Assim sendo, não pode o RPPS inverter o ônus da persuasão e exigir do segurado que demonstre o que ali está afirmado; duvidando do contido, ele é que terá de provar o contrário.

Capítulo 20
LAUDO TÉCNICO

Depois de mencionar o PPP do art. 58, § 1º, do PBPS, agora, com o papel de informador das condições ambientais, a IN SPPS n. 1/2010 referiu-se ao Laudo Técnico de Condições Ambientais do Trabalho — LTCAT (art. 7º, II).

São duas siglas, consagradas em relação à aposentadoria especial do RGPS desde 1º.1.2004, designando dois documentos distintos: a) o PPP é declaração comum e b) o LTCAT é laudo técnico.

Em decorrência da remissão do art. 40, § 12, da Carta Magna, tudo faz crer que se deva pensar no mesmo documento que o INSS exige (*O PPP na Aposentadoria Especial*, 2. ed. São Paulo: LTr, 2008).

Concepção da afirmação

O LTCAT consiste numa declaração oficial, formalmente exteriorizada, de caráter técnico-científico, afirmada com exclusividade por profissionais habilitados técnica e legalmente, após avaliação sistemática do ambiente público, do exame da presença da concentração ou intensidade do agente nocivo (além ou aquém dos limites de tolerância) e da constatação da exposição do servidor considerado, em caráter habitual, permanente ou ocasional.

Com a utilização eficaz ou não dos equipamentos de proteção e beneficiando-se ou não da redução ou anulação dos seus efeitos deletérios, acompanhado da conclusão final relativa ao perigo da exposição em relação à vida ou à integridade física do segurado.

Ambiente público

Mais do que nas empresas privadas, a sede do trabalho especial do servidor público ocorre em ambientes externos, principalmente nas prefeituras municipais. E, na comum das hipóteses, nos hospitais públicos e centros de pesquisas biológicas.

Data da imposição

No RGPS, o LTCAT tem uma longa história desde que foi instituído juntamente com o PPP (Decreto n. 4.032/2001). Embora previsto em 1998, o LTCAT passou a ser um dever das empresas a contar de 1º.1.2004. Anteriormente a essa data, subsistia o laudo técnico, a partir do qual o LTCAT pode ser reconstruído.

Períodos envolvidos

O período constante do LTCAT gerou discordâncias desde a OS n. 600/1998, já que, em desrespeito ao ato jurídico perfeito, o INSS quis exigi-los para tempos de serviços executados anteriormente à Lei n. 9.032/1995 (que, pela primeira vez, o previu sob a forma de laudo técnico, mas sem mencioná-lo expressamente).

Agente ruído

Em virtude da Ação Civil Pública de Porto Alegre, segundo o art. 154 da IN n. 78/2002: "Deverá ser exigida a apresentação do LTCAT para os períodos de atividade exercida sob condições especiais apenas a partir de 29 de abril de 1995, exceto no caso do agente nocivo ruído ou outro não arrolado nos decretos regulamentares, os quais exigem apresentação de laudo para todos os períodos declarados".

Pessoa emitente

De regra, quem deve emitir o LTCAT é o órgão público que tem o servidor prestando-lhe serviços. Mas, excepcionalmente, os médicos do trabalho ou engenheiros de segurança da iniciativa privada, reconhecidamente habilitados, idôneos e capazes, podem emiti-lo (IN SPPS n. 1/2010, art. 9º).

Diferentemente do PPP, somente quem detém as informações ambientais tem condições de fazê-lo ou, para isso, se tenha abastecido com os dados.

Enquanto o PPP diz respeito ao servidor pessoalmente considerado, o LTCAT reporta-se ao ambiente de trabalho em si mesmo e não ao obreiro.

Signatário das declarações

Quer seja público ou privado, o LTCAT só pode ser firmado por um médico do trabalho ou engenheiro de segurança, ou seja, profissionais habilitados, preferivelmente os próprios da repartição pública, e, excepcionalmente, tarefa cometida a terceiros pertencentes a entidades especializadas em medicina do trabalho ou engenharia de segurança, *in casu*, aduzindo-se esclarecimento ao RPPS sobre essa delegação de atribuições.

Sempre que o LTCAT não for assinado por esse profissional do órgão público, o RPPS tem de saber a razão disso; aquele é o melhor habilitado para essa missão.

O CEREST e a FUNDACENTRO são entidades oficiais que podem cooperar com o trabalhador quando de dificuldades na obtenção do PPP e do LTCAT, embora seja oneroso tentar reconstruir ambientes laborais à distância ou desaparecidos.

Natureza jurídica

O LTCAT é documento pericial científico de avaliação ambiental das condições de trabalho do servidor com vistas à aposentadoria especial (ou outros fins). Ele define a presença ou não de agentes nocivos em face dos limites de tolerância e de frequência (habitual e permanente), firmado por profissional para isso habilitado, obrigado à conclusividade sobre a exposição ao risco relativo à saúde ou integridade física e a utilização eficaz ou não do equipamento de proteção.

Individualidade ou coletividade

Pela sua natureza de retrato do ambiente laboral, o LTCAT é insitamente coletivo, ainda que possa ser elaborado individualmente.

Papel técnico

O escopo do LTCAT é instruir pedido de aposentadoria especial que retrata cientificamente o ambiente laboral, com informações técnicas. Evidentemente, prestar-se-á para outras finalidades trabalhistas e civis.

Parecer conclusivo

Um dos aspectos importantes do LTCAT é a afirmação imperativa, não hesitante e conclusiva do signatário. De que, em face do ambiente descrito e das condições gerais e específicas — não importando o nível de tolerância ou a real e efetiva utilização da tecnologia de proteção — em cada caso, afinal o servidor correu o risco de ter a sua saúde ou integridade física ameaçada pela ação deletéria dos agentes nocivos ou não.

E, até mesmo, faltante definição jurídica, não é possível concluir. É necessário deixar claro, no caso de ruído, se o nível aferido na orelha do segurado, em face do protetor auricular, esteve ou não abaixo do limite de tolerância e também como ele obteve as informações apreendidas durante os 25 anos passados.

LTCAT particulares

Designados como laudos individuais, as letras a/c do inciso IV do art. 10 da IN SPPS n. 1/2010 indicam características dos laudos particulares: a) autorização escrita do órgão administrativo competente, se o levantamento ambiental ficar a cargo do responsável técnico não integrante do quadro funcional da respectiva administração; b) cópia do documento de habilitação profissional do engenheiro de segurança do trabalho ou médico do trabalho, indicando sua especialidade; c) nome e identificação do servidor da administração responsável pelo acompanhamento levantamento ambiental, quando a emissão do laudo ficar a cargo de profissional não pertencente ao quadro efetivo dos funcionários; e d) data e local da realização da perícia.

Documentos substituidores

O art. 10 da IN SPPS n. 1/2010 arrola cinco tipos de documentos que substituem o LTCAT, entre os quais: PPRA, PGR, PCMAT e PCMSO.

Análise do LTCAT

Durante a instrução da solicitação do benefício, o médico perito do órgão público procederá a avaliação do PPP e do LTCAT, podendo operar diligências e, ao final da análise, emitir parecer médico-pericial conclusivo, "descrevendo o enquadramento por agente nocivo, indicando a codificação contida na legislação específica e o correspondente período de atividade" (art. 11, III, da IN SSPS n. 1/2010).

Dados mínimos

As principais informações que constarão do LTCAT são as seguintes:

a) qualificação do órgão público, CNPJ e endereço;

b) identificação do servidor com definição de suas operações;

c) setor de trabalho considerado e função exercida (CBO);

d) ambiente laboral geral, com descrição das condições operacionais, fontes sonoras, maquinários, etc.;

e) agentes nocivos físicos, químicos, biológicos ou outros presentes;

f) modalidade da exposição do trabalhador (habitualidade e permanência);

g) tecnologia de proteção individual e coletiva;

h) referência aos exames de posse, periódicos e finais;

i) presença de comunicações sobre acidentes e registro de licenças médicas ou benefícios por incapacidade;

j) avaliação geral dos perigos;

k) conclusão definitiva, imperativa, objetiva e não hesitante quanto à exposição aos agentes nocivos;

l) manifestação sobre mapeamento de sinistros;

m) nome e identificação profissional do signatário;

n) data da emissão; e

o) assinatura.

Capítulo 21 — PERFIL PROFISSIOGRÁFICO

Embora sem intitulá-lo, em seu art. 7º, I, a IN SPPS n. 1/2010 alude a um "formulário de informações sobre as atividades exercidas em condições especiais", que é o Perfil Profissiográfico Previdenciário — PPP (Decreto n. 4.032/2001).

Ele não se confunde com o LTCAT, mencionado no inciso seguinte do mesmo artigo.

Logo, o servidor deterá dois documentos básicos: o PPP, que é formalmente preenchido e assinado por um servidor, e o LTCAT, um laudo técnico, exclusivamente firmado por médico do trabalho ou engenheiro de segurança.

Do conteúdo desses dois documentos depende o direito à aposentadoria especial do servidor. Principalmente de suas conclusões.

Remissões ao PPP do trabalhador do RGPS, novamente, são inevitáveis, com a particularidade que esses dois documentos (um é trabalhista e o outro é da área das doenças ocupacionais), serão emitidos pelo mesmo órgão gestor.

A introdução do PPP no RGPS gerou perplexidades, dúvidas e ilegalidades, justificando muitas palestras, vários artigos e alguns livros, principalmente sobre o alcance da exigência.

Diferentemente do perfil profissiográfico, o INSS desenhou um modelo do formulário (Anexo XV), facilitando a sua elaboração (*PPP na Aposentadoria Especial*, 2. ed. São Paulo: LTr, 2008).

Objetivos do documento

Entre outros, o PPP tem vários objetivos:

a) informar dados funcionais do servidor;

b) comprovar as condições gerais de trabalho e, assim, tornar possível ao segurado instruir o pedido do benefício;

c) municiar o servidor com informações relativas ao serviço que executou, com vistas aos seus direitos trabalhistas, previdenciários e civis;

d) ajuizando com as doenças ocupacionais, sistematizar a organização do trabalho;

e) instituir um controle dos riscos laborais; e

f) uma vez tabulado, fornecer ao Governo Federal os dados estatísticos importantes, uma espécie de mapeamento de sinistros.

Visão mínima

O PPP é formulário técnico, nitidamente administrativo, cuja emissão é imposta para as repartições públicas e exigido, em certas circunstâncias, para diferentes fins da relação jurídica de previdência social, principalmente no caso da aposentadoria especial.

Formulário histórico-laboral escrito (ou virtual) é um retrato fiel das condições ambientais de trabalho e certa narrativa genérica da condição laboral do segurado, exposto ou não aos agentes nocivos, baseado em registros administrativos do setor de Recursos Humanos (área de pessoal), do cadastro da área interna da higiene, medicina e segurança do trabalho, dados colhidos nos LTCAT, PCMSO, PGR e PPRA (e outros programas laborais), formulado e entregue legal e obrigatoriamente pela repartição ao servidor.

Antes de sua criação no RGPS, isto é, até 31.12.2003, vigeu o perfil profissiográfico. Na verdade, ele simplificou e unificou a prova das condições ambientais, resultando na soma das informações presentes no laudo técnico, perfil profissiográfico e DIRBEN 8030.

Bases legais

Sem previsão específica no PBPS, o Decreto n. 4.032/2001 referiu-se pela primeira vez ao PPP, incorporado ao Decreto n. 3.048/1999, documento empresarial regulamentado pela IN n. 78/2002, esta última logo substituída pela IN n. 84/2002. Finalmente, foi aprovado o prazo de eficácia, em 1º.1.2004, pela IN n. 95/2003. Atualmente, está disciplinado na IN n. 45/2010.

História da exigibilidade

Com a IN n. 78/2002, o PPP deveria entrar em vigor em 1º.1.2003, mas isso não aconteceu. A partir da IN n. 84/2002, a vigência foi prorrogada para 1º.7.2003. Por último, a eficácia acabou acontecendo a contar de 1º.1.2004.

Conforme as regras do direito intertemporal, o PPP só pode ser reclamado para períodos de trabalho posteriores a 31.12.2003 (ainda que se tivesse conhecimento dele desde 2002). Porém, se as repartições decidirem não emiti-lo nessas condições para os períodos anteriores a 1º.1.2004, por sua vez terão de elaborar o DIRBEN 8030, o laudo técnico e o perfil profissiográfico (impostos pela legislação então vigente para os trabalhadores).

Entidade emissora

A princípio, todas as entidades públicas estão obrigadas ao PPP, a rigor, exceto aquelas que tenham atividades especiais em seus estabelecimentos, isto é, aquelas que admitem servidores expostos aos agentes nocivos físicos, químicos e biológicos. Da mesma forma, estende-se aos agentes psicológicos, ergométricos e ambientais.

Destinatário do formulário

De modo geral, são vários grupos de pessoas que fazem jus ao PPP: as que operam fisicamente na sede da repartição que precisarem do documento.

Ele se impõe: I) por ocasião da demissão; II) para o reconhecimento de tempo especial (para futura conversão na aposentadoria por tempo de contribuição); III) requerimento da aposentadoria especial; IV) conferência por parte do servidor; V) quando solicitado por autoridade competente.

Signatários e responsáveis

O PPP é um documento elaborado pela repartição em que trabalha o servidor. Deve ser assinado pelo representante legal com poderes específicos para isso, inclusive procuração, entendido como sendo o encarregado do setor de Recursos Humanos, de preferência, o superior.

Pessoas envolvidas

Resumindo-se, têm-se as seguintes pessoas envolvidas na relação jurídica do PPP:

a) servidor solicitante;

b) chefe do setor de Recursos Humanos;

c) médico do trabalho ou engenheiro de segurança que elaborou o LTCAT;

d) médico perito do RPPS que o apreciará; e

e) magistrado, no caso de ação judicial.

Extemporaneidade e similaridade

Uma das áreas controversas em relação à aposentadoria especial diz respeito à prova oblíqua das condições de trabalho, nada obstante a Constituição Federal facultar ao titular o direito de se utilizar de todos os meios legítimos para provar os fatos relativos a sua pretensão.

A comprovação desse esforço particularizado é permitida por justificação administrativa. Trata-se de procedimento intramuros, mediante o qual, a partir de documentos, fotografias, inícios razoáveis de prova material, depoimentos testemunhais e outros recursos, o servidor tentará demonstrar a exposição aos agentes nocivos.

Inicialmente, o servidor perquirirá a persuasão por meios administrativos; insatisfeito com os resultados, restará buscar a Justiça Federal para convencer o RPPS das condições especiais do labor em que operou.

Embora a aposentadoria especial não se confunda com a aposentadoria por invalidez (elas têm contingências protegidas distintas), o pressuposto do benefício por incapacidade é razoável indício de que o ambiente era inóspito.

Dúvidas e divergências

Sobrevindo desconformidades entre o PPP e o LTCAT, com as anotações internas ou outro registro laboral, recomenda-se à repartição que as explique ou as justifique antecipadamente mediante declaração apartada. Caso não promova esses esclarecimentos, o RPPS determinará diligência *in loco*, o que atrasará a instrução do benefício, prejudicando sensivelmente o requerente.

DECLARAÇÕES TRABALHISTAS Capítulo 22

A aposentadoria especial é um benefício previdenciário muito próximo do vínculo laboral com o serviço público, em particular, com os aspectos que dizem respeito às doenças ocupacionais.

Em virtude disso, alguns institutos técnicos ou jurídicos e documentos ditos trabalhistas estão envolvidos com essa prestação excepcional. São vários, os principais deles: a) portaria de nomeação; b) ato de posse; c) registro das atividades funcionais; d) exames admissional e periódicos; e) licenças médicas; f) benefícios por incapacidade; g) prontuário médico; h) relatório do superior imediato.

Na área da medicina e segurança do trabalho destacam-se: i) PPRA; j) PGR; k) PCMAT; l) PCMSO; m) PPP; e n) LTCAT (art. 10, V, *d*, da IN SPPS n. 1/2010).

PCMSO

O PCMSO é o Programa de Controle Médico de Saúde Ocupacional (NR-7), procedimento obrigatório por parte das empresas.

Para Edwar Abreu Gonçalves, "é parte integrante do conjunto mais amplo de iniciativas da empresa no campo da saúde dos trabalhadores, devendo estar articulada com o disposto nas demais normas regulamentadoras de Segurança e Medicina do Trabalho e considerar as questões incidentes sobre o indivíduo e a coletividade de trabalhadores, privilegiando o instrumental clínico-epidemiológico na abordagem da relação entre sua saúde e o trabalho, que deveria ter caráter de prevenção, rastreamento e diagnóstico precoce dos agravos à saúde relacionados ao trabalho, inclusive de natureza subclínica, além da constatação da existência de casos de doenças profissionais ou danos irreversíveis à saúde dos trabalhadores" (*Segurança e Medicina do Trabalho em 1.200 Perguntas e Respostas*. São Paulo: LTr, 1998. p. 132).

Mapeamento de sinistros

As ocorrências acidentárias na repartição pública, a ocorrência de doenças ocupacionais geradoras de licenças médicas, indicam a inospitalidade do trabalho.

Gerenciamento de riscos

Os registros das áreas inseguras contribuem para a definição do ambiente laboral.

PPRA

O Programa de Prevenção de Riscos Ambientais (PPRA) é um conjunto de normas trabalhistas na área da medicina, higiene e segurança do trabalho, com o objetivo de proteger a saúde e a integridade física do trabalhador, por meio de procedimentos variados, como avaliação, reconhecimento, antecipação e controle da ocorrência de riscos ambientais, principalmente sua prevenção, articulado com o PCMSO.

Relatório do superior

Quando o ente emissor do PPP não dispuser de contato direto com o servidor, é preciso que o seu superior imediato forneça elementos de como se conduz na execução dos serviços inerentes ao seu cargo ou função. Esse relatório pode ser importante para o direito à aposentadoria especial.

Prontuário médico

São documentos relativos à vida profissional do trabalho no tocante à medicina, à higiene e à segurança do trabalho.

Atestado pericial

São afirmações elaboradas por médicos do trabalho, ou não, relativamente às condições de saúde do trabalhador.

LTCAT

O LTCAT é o documento que substituiu o laudo técnico no RGPS desde o Decreto n. 4.032/2001, e ele retroagirá a todo o período de trabalho do servidor.

PPP

Para efeitos didáticos, o PPP foi considerado um documento mais previdenciário do que trabalhista.

Capítulo 23 — DEMISSÃO DO APOSENTADO

O rompimento do vínculo jurídico administrativo do servidor por conta da aposentadoria ainda é problemático no Direito Administrativo e no Direito Previdenciário.

Uma vez deferida, a aposentadoria especial e qualquer outra, somente poderá ser cancelada se, em certo tempo, restar demonstrado o não preenchimento dos requisitos legais (qualquer que seja a modalidade desse descumprimento).

Revisão da aposentação

Ficando provado em inquérito administrativo com amplo direito de defesa que o servidor cometeu um ato ilícito grave anterior à reunião dos pressupostos, que demandasse demissão, a desaposentação forçada, ou melhor, a demissão é possível, operando-se retroativamente o desfazimento do vínculo com o Estado (a par de possíveis sanções de ordem penal).

Direito adquirido

Se a ilicitude ocorreu depois de assegurar o direito ao benefício, a demissão ainda se imporá, mas o direito à aposentadoria não será afetado, pelo menos enquanto a lei não determinar que o cancelamento do benefício é uma modalidade de sanção administrativa.

Tempo de serviço

Havendo demissão e afastamento do servidor do cargo, o tempo de serviço regular estará incorporado ao seu patrimônio e poderá ser utilizado noutro RPPS ou no RGPS, por meio da contagem recíproca do tempo de serviço.

Volta ao trabalho

Cancelada a aposentadoria especial porque ilegítima o servidor deverá assumir o cargo anterior e voltar ao serviço.

Servidores jubilados

Quando da regulamentação da aposentadoria especial do servidor, a ser operada pela lei complementar referida na Carta Magna, por cumprimento determinado pelo STF ou não, tem de ficar clara a situação do servidor que preencheu hipoteticamente os requisitos daquele benefício excepcional, mas acabou aposentando-se por invalidez, idade ou por tempo de contribuição.

Possivelmente, o seu percentual do salário de benefício, nas duas hipóteses, foi menor do que seria se a aposentadoria especial já tivesse sido disciplinada.

Natureza da regulamentação

A regulamentação da aposentadoria especial destina-se ao futuro e, naturalmente, no Direito Previdenciário, reporta-se ao tempo de serviço especial pretérito. Quer dizer, agora, quem possuir 25 anos de serviços especiais (período de trabalho em que não havia a positivação do direito) faz jus a esse benefício.

Aplicação retroativa

A Administração Pública terá de aplicar a norma retroativamente, o que é permitido no Direito Social e no tocante às exigíveis.

Transformação do benefício

A figura ora considerada é uma espécie de cessação de um benefício, sendo substituído por outro, não se cogitando de ter de restituir qualquer valor, como sucede com a desaposentação. Cessa o benefício anterior e tem início um novo.

Data do pagamento

Evidentemente, a despeito de se estar diante do direito adquirido, as mensalidades e as condições do novo benefício se operarão a partir da DER, não se estranhando que o ente gestor pretenda que seja na data da publicação no Diário Oficial. Não há direito nem simples nem adquirido às mensalidades anteriores ao dia que ficar definido como sendo a Data do Início do Benefício.

Condições da época

O servidor deverá preocupar-se com a aplicação da lei ao tempo dos fatos. O benefício a ser deferido é aquele contido no passado, com as regras de então e, principalmente, levando em conta os salários de contribuição da época.

Principalmente as regras da paridade vigentes quando da reunião dos requisitos.

Capítulo 24

ABONO DE PERMANÊNCIA

Os servidores são segurados obrigatórios para custeio de suas prestações previdenciárias e devem fazê-lo até o momento da jubilação na condição de contribuintes ativos e, excepcionalmente, também, depois da aposentação (tema que é discutido com a PEC n. 555/2010).

Entretanto, inovando nessa matéria de exigibilidade, o art. 40, § 19, da Lei Maior facultou ao servidor deixar de contribuir quando ele fizer jus a uma aposentadoria e se manifestar nesse sentido.

Assim, aquele que exerce atividades especiais há 25 anos e puder fazer prova acolhida do direito à aposentadoria especial no RPPS fica dispensado da contribuição de 11% dos seus vencimentos. Tal instituto técnico não é automático, depende da solicitação do interessado.

O pedido de dispensa da contribuição do ativo equivale ao requerimento da aposentadoria especial. O servidor terá de fazer o convencimento da exposição aos agentes nocivos, obter o PPP e o LTCAT como se estivesse solicitando o benefício. Caso sua pretensão seja rejeitada ele poderá contestar essa decisão.

Caso alcançasse esse benefício, mais tarde, quando requerer a aposentadoria especial, a sua instrução será bastante simplificada em termos de persuasão.

Uma vez reconhecido o direito, *ab initio* ou posteriormente, devem ser devolvidas as contribuições que verteu desde a DER.

Assim que for publicada no Diário Oficial, a concessão da aposentadoria especial, o servidor, novamente, se sujeitará à contribuição.

Esse abono de permanência do servidor tem muito a ver com o abono de permanência em serviço do art. 87 do PBPS (que foi de 20% e 25%), mas não é um benefício mas, sim, uma dispensa de contribuição, podendo ser acumulado com a percepção dos vencimentos do cargo.

DINÂMICA DA CONCESSÃO

Capítulo 25

Preenchidos os requisitos legais e de posse dos documentos que os comprovam, emitidos pela repartição pública ou não, o servidor protocolará o pedido da aposentadoria especial no RPPS, seguindo-se a instrução administrativa do pedido.

Introdução

O deferimento da aposentadoria especial por parte de um RPPS é feito após a instrução do requerimento do benefício e, principalmente, com documentos fornecidos pelo órgão público em que o servidor trabalhou.

Esse procedimento guarda semelhança com os pedidos de benefícios do INSS, que parte do CNIS e de outras informações que detém ou trazidas pelo trabalhador (IN n. 45/2010, arts. 234/273).

O servidor terá de se haver com o órgão público para que detenha a prova dos vários requisitos legais, principalmente os que dizem respeito às condições especiais de trabalho durante 25 anos.

Tempo de serviço

Solicitada a providência por parte do interessado, se ele apenas prestou serviços na repartição pública atual, ela se incumbirá de informar o tempo de serviço público a partir dos seus registros.

Qualquer dúvida quanto à validade da informação poderá ser contestada pelo servidor ou órgão público.

Caso ele tenha trabalhado para outros entes da República, terá de fazer essa prova mediante a Certidão de Tempo de Contribuição emitida pelas repartições onde manteve vínculo administrativo.

Tempo no cargo

Muito possivelmente, o tempo de serviço no cargo terá sido no último órgão público, que o informará. Note-se que, para esse efeito, o servidor também poderá somar tempo de cargo exercido em outro ente da República, Municipal, Estadual, distrital ou federal, completando os cinco anos (o que não será tão comum).

Solicitação de documentos

O servidor solicitará ao setor de recursos humanos da repartição a elaboração do PPP e do LTCAT, ou os documentos trabalhistas compatíveis.

Este último documento será elaborado pela área de medicina ou segurança do trabalho da mesma repartição ou de outra entidade estatal para isso habilitada.

Se tais documentos não se revelarem suficientes, o interessado deverá buscar reforço de prova no próprio serviço público ou na iniciativa privada.

Instrução do pedido

De posse do PPP, do LTCAT e dos demais documentos, o servidor requererá o benefício ao RPPS em que está filiado.

Protocolado o pedido, o RPPS dará andamento burocrático a solicitação, fará ou não novas exigências ou diligências.

Se for o caso, solicitará pareceres técnicos.

Análise pericial

Completada a apresentação de documentos, os autos serão submetidos à perícia médica do RPPS para a avaliação do seu conteúdo.

Quem examinar o LTCAT e outras provas técnicas e as avaliações periciais, tem de ser médico do trabalho ou engenheiro de segurança com pleno domínio da perícia médica.

Esse profissional emitirá parecer técnico nos autos sobre o LTCAT, que concluirá sobre as condições de trabalho. Caso julgue necessário, solicitará aos segurados ou entidades que prestem mais informações (IN n. 45/2010, art. 249).

O Anexo XI da IN n. 45/2010 apresenta um formulário que poderá se reproduzida pelo RPPS.

Deferimento final

Uma vez instruído o pedido, sobrevirá o deferimento ou indeferimento da pretensão do servidor, com abertura de prazo para eventual recurso com base na Lei n. 9.784/1999.

Tribunal de Contas

O Tribunal de Contas do Município de São Paulo, Rio de Janeiro e do DF, os tribunais de contas dos Estados e o Tribunal de Contas da União, são órgãos auxiliares do Congresso Nacional na atribuição da fiscalização contábil, financeira, orçamentária, operacional e patrimonial da Administração Pública de cada unidade da República.

O Tribunal de Contas da União tem previsão expressa nos arts. 71-75 da Carta Magna e é regulado pela Lei n. 8.443/1992.

Para fins de registro e homologação, ele tem competência para apreciar as "aposentadorias, reformas e pensões" (art. 71, III).

Suas atribuições não escapam de alguma controvérsia. Segundo a Súmula TCU n. 256: "Não se exige a observância do contraditório e da ampla defesa na apreciação da legislação de ato de concessão inicial de aposentadoria, reforma e pensão e de ato de alteração posterior concessivo de melhoria que altere os fundamentos legais do ato inicial já registrado pelo TCU".

Quer dizer, a análise do tribunal é unilateral.

Por outro lado, diz Súmula Vinculante STF n. 3: "Nos processos perante o Tribunal de Contas da União asseguram-se o contraditório e a ampla defesa quando da decisão puder resultar anulação ou revogação de ato administrativo que beneficie o interessado, excetuada a apreciação de legalidade do ato de concessão inicial de aposentadoria, reforma e pensão" (vigência em 6.6.2007).

Assim, a aposentadoria especial submete-se ao crivo do Tribunal de Contas e ali pode não ser registrada, nem homologada. Mas, uma vez acolhida, qualquer revisão terá de observar o devido processo legal.

Representação às autoridades

Por conta da universalidade da necessidade, pois, se há direito à aposentadoria especial, provavelmente, alguma impropriedade esteja presente nos ambientes do trabalho, é preciso comunicar às autoridades competentes: Ministério da Saúde, Ministério do Trabalho e Emprego, Ministério Público e, até mesmo, para fins penais.

Manutenção do benefício

Uma vez regular, legal e legitimamente concedido, o benefício será mantido pelo RPPS.

Pagamento de atrasados

Diz o art. 5º da ON MPOG n. 6/2010: "O efeito financeiro decorrente do benefício terá início na data de publicação do ato concessório de aposentadoria no Diário Oficial da União, e serão vedados quaisquer pagamentos retroativos a título de proventos".

Logo, o RPPS fixa-se na posição tradicional que o direito ao benefício emerge quando da publicação no Diário Oficial, *in casu*, da União, abandonando as correntes que defendem a data de entrada do requerimento ou da homologação do Tribunal de Contas.

Este é um ponto revista discutível, embora defluente de mera convenção. A Data do Início do Benefício deveria reger-se pelo art. 49, I, *b* e II do PBPS.

Conclusão definitiva

Afinal despachará os autos com parecer conclusivo, imperativo, fundamentado, não hesitante, sobre a presença deletéria ou não dos agentes nocivos, manifestando-se sobre os efeitos da utilização de EPI, EPC ou EPR informados nos documentos.

Questões jurídicas

Questões jurídicas não dizem respeito ao médico perito apreciador do LTCAT. Exemplo: seu operador ou seu supervisor, se presente a habitualidade e a permanência, etc.

DIREITO DE CATEGORIA Capítulo 26

Direito de categoria é o título que se convencionou adotar para o direito de um grupo de profissionais expressamente distinguidos pela legislação passada, beneficiados por uma presunção *jure et de jure* de exposição aos agentes nocivos.

Foi uma pretensão jurídica que vigeu até 28.4.1995, com algumas características inusitadas e nem sempre bem compreendidas pelo aplicador da norma (até porque, em alguns casos, faticamente essa presunção não era válida).

Em determinando momento da história do benefício, o legislador ordinário entendeu de arrolar pessoas e atividades a serem favorecidas por essa presunção de exposição aos variados agentes nocivos. Noutro momento, resolveu pôr fim a esse estado de coisas (1995).

Por isso alguns autores dizem que o direito era coletivo e a partir de 29.4.1995 passou a ser individual.

Fontes formais

Devem ser consultados o Anexo III do Decreto n. 53.831/1964 e os Anexos I e II do Decreto n. 83.080/1979; a Lei n. 9.032, de 28.4.1995, que pôs fim a esse direito; e a IN n. 45/2010.

Presunção jurídica

A presunção legal dizia respeito, exclusivamente, à exposição aos agentes nocivos, de que aquele obreiro exercendo aquela profissão naquele ambiente ficou sujeito a perder a saúde ou a integridade física.

O fato de cada caso, depois de 28.4.1995, não ser reconhecido o tempo como especial não interfere no raciocínio, que é jurídico.

Prova documental

No RGPS, a prova do exercício da atividade especial era feita com o SB-40, o qual apenas deveria descrever as funções exercidas pelo titular do direito.

Exceto no que diz respeito à habitualidade e permanência, que é intrínseca a exposição, e ao objetivo social da empresa, tal documento nada mais deveria registrar.

Habitualidade e permanência

O documento comprobatório do exercício deveria referir-se à habitualidade e à permanência. Em cada circunstância, isso podia arredar o direito de superiores, chefes, encarregados, supervisores, etc.

Não havia interesse na ocasionalidade nem na intermitência. A ocasionalidade raramente produz ameaça à saúde ou à integridade física do trabalhador, mas a intermitência pode ser responsável (devendo ser examinada particularmente).

Emissão hodierna do SB-40

Como o SB-40 foi substituído por outros documentos, para fins de uniformização, é perfeitamente válido aceitar-se uma espécie de LTCAT emitido hodiernamente quando baseado em documentos da época do exercício da atividade.

Interpretação da matéria

Dentro da excepcionalidade da aposentadoria especial, o direito de categoria é mais excepcional ainda; *ipso facto* não comporta exegese extensiva.

Natureza do rol

O rol de profissões e atividades é taxativo. Se a lista diz engenheiro (código 2.1.1), não diz arquiteto, mas se alguém foi registrado na CTPS como arquiteto e exercia as funções de engenheiro, ele está incluído.

Cargo ou função

Para o direito de categoria, o que importa é a função exercida e não o cargo do servidor. Mario Covas e Paulo Maluf foram engenheiros (cargos) que exerceram o governo do Estado de São Paulo, na condição de administradores públicos (função).

Desvio de função

Ao ser registrado com uma função, se o servidor foi desviado dessa função, ele não é beneficiado pela presunção.

Conversão do tempo presumido

Feita a demonstração documental, o tempo de serviço tido como especial, exercitado até 28.4.1995, pode ser convertido para o comum.

Situação após 28.4.1995

Nada impede que o tempo posterior a 28.4.1995 também seja considerado especial; neste caso, feita a prova com LTCAT, acolhido pela perícia média do RPPS.

No caso de razoável dificuldade interpretativa, em defesa como argumento doutrinário, valerá ao titular referir-se a presunção do período anterior.

Exigência de EPI

A menção ao EPI é de 1998, posterior a 28.4.1995, portanto, fora do período considerado.

Limites de tolerância

Também não era exigida a observância; presumia-se a existência de níveis superiores aos permitidos.

Validade para o servidor

A Administração Pública terá de apreciar esse direito não mais existente na iniciativa privada em relação aos servidores que trabalharam nessas condições até 28.4.1995, se essa pretensão está acobertada ou não pela remissão do art. 40, § 12, da Carta Magna.

Capítulo 27 REAJUSTAMENTO DOS PROVENTOS

Um dos mais polêmicos institutos técnicos da previdência social, em face do processo inflacionário, é o que diz respeito ao reajustamento dos valores das mensalidades no RGPS e nos RPPS.

Introdução do tema

Com a disciplina da correção monetária no Brasil em 1964, nasceu uma tormentosa questão: a de restabelecer o poder aquisitivo da moeda em face da inflação. Sendo certo que aumentos não têm muito a ver com reajustamentos, a Lei n. 4.357/1964 tentou oferecer parâmetros jurídicos para se ter a atualização dos valores em face da inflação que o País enfrentava.

Aparentemente, bastaria encontrar um indexador matemático e financeiro adequado à hipótese que se ajustasse ao princípio constitucional que veio ser estabelecido em 5.10.1988: a correção deve restabelecer a força de compra da moeda em caráter permanente a partir da DIB.

O princípio constitucional comparece no art. 201, § 4º, da CF, com a redação dada pela EC n. 20/1998: "É assegurado o reajustamento dos benefícios para preservar-lhes, em caráter permanente, o valor real, conforme critérios definidos em lei".

Ele se espraiou para o texto constitucional em diversas oportunidades (CF, arts. 40, §§ 8º, 17 e 201, § 3º).

Com um pressuposto econômico (a inflação), repare-se que são ofertados os seguintes elementos: a) há direito subjetivo ao reajustamento; b) a providência será permanente e não episódica; c) visa alcançar o valor real, não o valor nominal; e d) a definição do critério é legal.

Reajustamento no RGPS

O art. 29, parágrafo único, da Lei n. 10.741/2003 (Estatuto do Idoso) dizia: "Os valores dos benefícios em manutenção serão reajustados na mesma data de reajuste do salário mínimo, *pro rata*, de acordo com suas respectivas datas de início ou de seu último reajustamento, com base em percentual definido em regulamento, observados os critérios estabelecidos pela Lei n. 8.213, de 24 de julho de 1991".

Depois de marchas e contramarchas (o art. 41 do PBPS foi revogado pela Lei n. 11.430/2006 e ao seu lado foi contemplado o art. 41-A), a norma legal vigente do RGPS diz: "O valor dos benefícios em manutenção será reajustado, anualmente, na mesma data do reajuste do salário mínimo, *pro rata*, de acordo com suas respectivas datas de início ou do último reajustamento, com base no Índice Nacional de Preços ao Consumidor — INPC, apurado pela Fundação Instituto Brasileiro de Geografia e Estatística — IBGE" (redação da Lei n. 11.430/2006).

Na redação anterior era praticamente a mesma (*caput* e incisos I/III), acrescendo-se o inciso IV com a seguinte redação: "variação de preços de produtos necessários e relevantes para aferição da manutenção do valor de compra dos benefícios" (redação da Medida Provisória n. 2.022-017/2000). Quer dizer, além de mencionar o INPC (inciso II), definia como obtê-lo.

Abstraindo o equívoco vernacular de referir-se a "proventos" a renda mensal do servidor jubilado, singelamente, a Súmula n. 6 do TFR da 3ª Região, confira-se com o princípio da reserva legal. Quer que o reajustamento dos benefícios seja o critério legal e não o constitucional ou regulamentar; termina por ser o constitucional, pois o objetivo é o mesmo: resguardar o poder aquisitivo do valor dos benefícios. Elegeu a lei como a suprema norma desses reajustamentos; logo, o Congresso Nacional terá sempre a última palavra.

As normas falam em anualidade e na mesma época do salário mínimo, obrigando a interpretação já que este último não tem sido reajustado a cada 12 meses, mas deverá será assim que o mês de janeiro for a data-base (possivelmente em 2010). Politicamente, não fica bem aumentar o salário mínimo e não proporcional ao reajustamento dos que ganham acima desse valor.

Quem teve o benefício concedido antes da data-base anterior terá a totalidade do percentual da variação do INPC.

Diferentemente da Súmula TFR n. 260, será proporcional aos meses da data da concessão do benefício.

O critério da variação integral do INPC, embora silencie a respeito da divulgação, serão feitos pelo MPS.

Paridade dos servidores

Diante das mudanças havidas pelas ECs ns. 20/1998, 41/2003 e 47/2005, a paridade dos servidores conhece várias modalidades correspondentes a diferentes momentos da legislação constitucional.

Regra permanente

Para quem vier a se aposentar depois da última mudança (ocorrida em 30.12.2003), a regra permanente é muito clara: "É assegurado o reajustamento dos benefícios para preservar-lhes, em caráter permanente, o valor real, conforme critérios estabelecidos em lei" (CF, art. 40, § 8º).

A semelhança desse dispositivo com o contido na Carta Magna faz pensar no art. 41 do PBPS com a introdução do atual INPC para os servidores.

Paridade transitória

Em relação aos servidores que optaram pelo disposto no art. 2º, § 6º, da EC n. 41/2003, subsiste uma espécie de regra transitória que remete à regra permanente: "Às aposentadorias concedidas de acordo com este artigo aplica-se o disposto no art. 40, § 8º, da Constituição Federal". (Concedidas contemporaneamente ou posteriormente para os que haviam assegurado o direito adquirido à aposentadoria especial.)

Paridade mitigada

O parágrafo único do art. 6º da EC n. 41/2003, que fixava algumas regras de transição, dizia: "Os proventos das aposentadorias concedidas conforme esse artigo serão revistos na mesma proporção e na mesma data, sempre que se modificar a remuneração dos servidores em atividade, na forma da lei, observado o disposto no art. 37, XI, da Constituição Federal" *(Revogado pela EC n. 47, de 2005).*

Paridade plena

O art. 7º da EC n. 41/2003 reza: "Observado o disposto no art. 37, XI, da Constituição Federal, os proventos de aposentadoria dos servidores públicos titulares de cargo efetivo e as pensões dos seus dependentes pagos pela União, Estados, Distrito Federal e Municípios, incluídas suas autarquias e fundações, em fruição na data da publicação desta Emenda, bem como os proventos de aposentadoria dos servidores e as pensões dos dependentes abrangidos pelo art. 3º desta Emenda, serão revistos na mesma proporção e na mesma data, sempre que se modificar a remuneração dos servidores em atividade, sendo também estendidos aos aposentados e pensionistas quaisquer benefícios ou vantagens posteriormente concedidos aos servidores em atividade, inclusive quando decorrentes da transformação ou reclassificação do cargo, ou função em que se deu a aposentadoria ou que serviu de referência para a concessão da pensão, na forma da lei".

Quer dizer, quem já tinha direito aos benefícios ou estava no seu gozo até 30.12.2003 continua com a paridade anterior às mudanças, que pode ser chamada de paridade total ou plena. Os que vierem a se jubilar depois dessa data vale o art. 40, § 8º (que é o INPC).

Capítulo 28
JUSTIÇA COMPETENTE

Os conflitos jurídicos entre os servidores e a administração estatal, seja com o órgão público para o qual presta serviços, seja com o RPPS, pode ser dirimido no âmbito interno da própria Administração Pública, às vezes com base em uma consulta, outras vezes por intermédio de negociação. Sempre observados os postulados da Lei n. 9.784/1999.

Quando a solução não atender as pretensões do interessado, ele terá de se socorrer do Poder Judiciário.

Mandado de Injunção

O Mandado de Injunção, individual ou coletivo, pretendendo a regulamentação administrativa da aposentadoria especial, é intentado direitamente junto do STF.

Poder Judiciário

Diante da inconformidade do servidor, transitada administrativamente em julgado, a decisão da Administração Pública de indeferir a pretensão, como antecipado, resta ao requerente deduzi-la no Poder Judiciário.

Justiça Federal

Em todos os casos, em razão da pessoa ou do Estado tido como réu, o órgão competente é a Justiça Federal (CF, art. 109, I).

INSS

Subsistente alguma controvérsia relativa à emissão de CTC para fins de contagem recíproca da aposentadoria especial com o INSS, também a Justiça Federal é a competente.

Acidente do trabalho

Se o conflito com o INSS disser respeito a acidente do trabalho, a competência, ainda, é da Justiça Federal, mas existem vários entendimentos afirmando que é a da Justiça Estadual.

Dissídios com terceiros

Os desentendimentos havidos com pessoas físicas (autônomos) ou jurídicas entre o servidor e terceiros, contratado para elaborar documentos necessários à instrução da aposentadoria especial, são de competência da Justiça Comum dos Estados.

Se tais ocorrências disserem respeito às condições ambientais do contrato de trabalho, o órgão competente é a Justiça do Trabalho.

Previdência complementar

Diferentemente da EFPC da iniciativa privada (ainda que patrocinadas por empresas estatais), eventuais conflitos ocorridos no âmbito da complementação pública da aposentadoria especial será, também, solucionada pela Justiça Federal, de vez que a EFPC pública é pessoa jurídica de direito público.

Capítulo 29 PRESUNÇÕES VÁLIDAS

Não são muitas nem tão claras ou efetivas as presunções presentes no direito excepcional, principalmente por se tratar de área na qual o fundamento da pretensão ao benefício é a prova material, exaustiva, inequívoca e real da exposição aos agentes nocivos.

Sem embargo, algumas considerações podem ser expendidas em favor de quem tem dificuldades para convencer o RPPS da existência dos pressupostos legais.

Incapacidade para o serviço

O servidor, frequentemente acometido por doença profissional, doença do trabalho ou vítima de acidente do trabalho — embora seja uma causa bastante efetiva — não pode, simplesmente, alegar a incapacidade deflagradora da licença médica ou da aposentadoria por invalidez, como prova da exposição aos agentes nocivos.

Mas, claro, isso será um indício lógico da inospitalidade ambiental.

Terá de demonstrar a existência do perigo com o PPP e o LTCAT. O simples risco não se confunde com o sinistro e quando este último sobrevém desapareceria o direito à aposentadoria especial.

Adicional trabalhista

O direito aos adicionais de penosidade, insalubridade ou periculosidade, desembolsados pelo serviço público ao servidor, é indicativo sem ser garantia do direito à aposentadoria especial.

As normas administrativas da repartição pública são fontes formais de Direito Previdenciário, mas o RPPS tem o poder de império para decidir sobre a presença dos agentes nocivos.

Diante da percepção desses adicionais, verificações físicas determinadas pelo MTE, MS e da Previdência Social promovidas por pessoas habilitadas, prestam-se para o convencimento.

Direito ao adicional

Da mesma forma, ao inverso, o direito à concessão da aposentadoria especial não gera automaticamente para o servidor a certeza da obtenção do adicional trabalhista, que, embora muito assemelhado, esta pretensão segue os parâmetros do Direito Administrativo.

Recolhimento da contribuição

O fato de o órgão público aportar as eventuais contribuições exigidas para o benefício (dever ainda não positivado) é um fortíssimo indício de exposição aos agentes nocivos por parte dos seus servidores, mas não, necessariamente, a certeza do direito a aposentadoria especial.

Concessão do benefício

Se o benefício foi concedido e a contribuição, então exigível, não foi recolhida nas épocas próprias, o RPPS tem razões suficientes para exigi-la dentro dos prazos decadencial e prescricional.

Declaração laboral

Uma presunção documental diz respeito ao LTCAT. Trata-se de declaração da repartição e, até prova em contrário, deve ser reconhecida pelo RPPS.

É presunção *juris tantum*, admitindo contestação por parte da auditoria do RPPS, após exame in *loco*, no pertinente à matéria fática (p. ex.: presença, ou não, do agente nocivo).

Não se confundirá a presunção científica adotada pelo legislador (quem exerceu atividade especial correu o risco do ambiente nocivo) com a de quem provar ter sofrido as agressões desses agentes. Se ficar incapaz para o trabalho, terá direito à licença médica ou à aposentadoria por invalidez.

Exposição à nocividade

Durante o período fictício resultante da conversão, a Lei n. 6.887/1980 pressupõe que essa não exposição, de alguma forma ou outra, não ameaça a saúde ou a integridade física do trabalhador. Dispensada, por conseguinte, a prova do fato.

Direito de categoria

O período de trabalho que vai até 28.4.1995, por parte dos arrolados nos Anexos I e II do Decreto n. 83.080/1979 e Anexo III do Decreto n. 53.831/1964 — conhecido por direito de categoria — é beneficiado pela presunção de exposição aos agentes nocivos.

Semelhança de ambientes

Demonstrado a exaustão que determinado sítio laboral, em razão do tipo de construção, maquinário e equipamento adotados, tecnologia de proteção vigente, controle da execução dos serviços, tipo de atividade e outros dados da produção, gera ou não certo *habitat* especial, pode-se concluir que outro sítio laboral, com essas mesmas características idênticas, gere ou não a mesma insalubridade.

Presunções válidas

Evidentemente, as presunções válidas terão de ser acolhidas na exegese da matéria, mesmo em matéria de prova. Assim, se sobrevêm perda auditiva induzida por ruído ocupacional que tenha deflagrado benefícios acidentários para o trabalhador, ou trabalhadores da empresa, demonstrado que a causa desses benefícios for atribuída ao ambiente hostil do trabalho, tal definição favorecerá o trabalhador para que se conclua que o ambiente era insalubre.

PRINCÍPIOS APLICÁVEIS Capítulo 30

Uma área em que a aplicação de princípios laborais ou previdenciários é delicada diz respeito ao direito excepcional, no caso da aposentadoria especial. Mas, em tese, aplicam-se todos os princípios compatíveis, exceutados aqueles que envolvem as exigências materiais.

Algumas concepções lógicas podem ser alinhavadas, mas, à evidência, elas somente serão utilizadas quando cabíveis.

Subordinante e subordinado

Se o subordinante do servidor não exercita, habitual e permanentemente, as mesmas atividades dos subordinados e em iguais condições, não faz jus ao cômputo do tempo de serviço como especial.

Cargo de direção, chefia ou supervisão, geralmente, tem cunho administrativo, porém, se o interessado não exercitar as mesmas tarefas do operador subordinado, descabe-lhe o benefício.

Auxiliar e titular

Necessariamente, não tem direito quem auxilia a pessoa com este direito definido. A faculdade depende das condições dessa assistência e da aproximação aos riscos, sua contiguidade, sua intensidade, etc.

Podendo o mais, pode o menos

Se alguma função está perfeitamente enquadrada, o exercício de trabalho em condições mais gravosas para a saúde e para a integridade física deve deflagrar a proteção.

Acessório seguir o principal

Na circunstância, o acessório, necessariamente, não segue o principal.

Faculdade do substituto

Respeitada a frequência exigida (habitualidade e permanência) e não presente a ocasionalidade, o substituto tem o mesmo direito do substituído. Embora seja difícil a figura da substitutividade por 25 anos.

Titularidade do indivíduo

A aposentadoria especial é direito do servidor exposto aos agentes nocivos. Nesse sentido, o LTCAT é documento coletivo e um PPP do serviço público será individual.

Ato jurídico perfeito

O direito a qualquer benefício previdenciário é imprescritível, apenas prescrevendo certas mensalidades *(dormientibus nun sucurrit jus)*. A qualquer tempo, se o segurado preencheu todos os requisitos legais e os prova, mantém o direito à prestação, independentemente do curso do tempo havido.

Norma ao tempo dos fatos

A regulamentação da aposentadoria especial do servidor operada em 2010 não ignora a remissão ao RGPS, por conseguinte que tem de ser observadas as normas vigentes em cada momento. Por isso, os níveis de ruído variaram no curso do tempo.

Irretroatividade da lei

O princípio da irretroatividade da lei precisa ser lembrado com bastante ênfase quando das exigências formuladas pelo RPPS em relação aos documentos a serem apresentados pelos segurados quando da instrução da aposentadoria especial.

REGRAS DE INTERPRETAÇÃO Capítulo 31

O Direito Previdenciário apresenta algumas particularidades em matéria de hermenêutica, de vez que está inserido no Direito Social.

Excepcionalidade hermenêutica

Sendo direito excepcional o domínio em que contida a aposentadoria especial, por conseguinte, não comportaria a interpretação extensiva própria dos demais benefícios. Para dar-se um exemplo, a prova da exposição dos agentes nocivos é exigência material e objetiva, descabendo ser inferida de modo implícito. Dificilmente será acolhido convencimento apenas baseado na interpretação.

Interpretação restritiva

A única técnica cabível neste assunto é a restritiva, pois o direito é, *per se*, especial e, como tal, não extensivo por natureza.

Exegese extensiva

Por conseguinte, não caberia a exegese extensiva.

In dubio pro misero

O *in dubio pro misero* resta restringido nesse âmbito, no referente à especificidade do benefício, pois no restante ele se aplicaria.

Contrato realidade

O contrato de trabalho é uma realidade e, assim, o exercício de atividade especial. Se o servidor e a repartição desprezaram as normas sobre a matéria e o serviço foi exercitado de forma contrária à lei, independentemente de eventual sanção, o período de trabalho tem de ser considerado, não podendo o órgão gestor alegar a ilegalidade do comportamento ilícito, se ele ficou comprovado à exaustão nos autos do pedido.

Livre convencimento

Quando as provas materiais apresentadas na instrução do processo administrativo de conhecimento não forem suficientes para convencer o julgador, a partir do seu livre convencimento, ele terá de concluir e decidir. Embora não decisiva, a presença de auxílios-doença decorrentes do ambiente laboral tais concessões pesarão no julgamento. Se o servidor apresentar perda auditiva que não justifique as prestações por incapacidade, é indício da presença do agente nocivo ruído.

Menor de idade

Não é comum a figura do menor prestando serviços para o Estado. A respeito dos menores, veja-se o Prejulgado n. 37-A da Portaria MTPS n. 3.286/1973: "Será computado, para efeito de aposentadoria especial, o tempo de serviço prestado por menor de 18 anos, em atividade insalubre, penosa ou perigosa, desde que efetivamente comprovado. A proibição contida no art. 405 da CLT é de ordem pública, tem por fim proteger o menor e não pode ser invocada contra os seus interesses".

Dúvidas de enquadramento

De acordo com o art. 66, § 1º, do Decreto n. 2.172/1997, as dúvidas de enquadramento "serão resolvidas pelo Ministério do Trabalho — MTb", seguramente, as incertezas fáticas, pois as jurídicas cabem à Administração Pública dirimi-las. Ou ao Poder Judiciário, em caso de litígio.

Revisões da Administração

As transformações operadas na aposentadoria especial desde 28.4.1995 e que se seguiram com sucessivas e infindáveis normas de variada hierarquia, não sucederam de abrupto, mas lentamente nos últimos 16 anos, culturalmente formando-se uma posição filosófica de maior rigidez na verificação dos cenários ambientais.

Pouco a pouco, os aplicadores e os magistrados modificaram os seus pontos de vista e é perceptível uma preocupação maior com o dizer da norma. Variou conforme as regiões da Justiça Federal e, até mesmo, das APS. A questão é de difícil trato e o recomendável é que cada caso seja examinado com critério de justiça porque os conceitos vêm evoluindo desde então.

DIREITO ADQUIRIDO   Capítulo 32

A complexidade do benefício em si mesmo, todas as modificações havidas nos últimos 16 anos, com a superveniência de leis, algumas medidas provisórias, uma dezena de decretos, muitas portarias e uma infinidade de normas administrativas afetando a sua essência técnica suscita um vasto espectro na relação jurídica de previdência social (quanto a pretensão), que vai da total ausência do direito à aposentadoria especial, sua formatação ao longo do tempo até a expectativa de direito, a consumação do direito simples e, por último, o difícil exercício do direito adquirido.

À evidência, resvalando em outra garantia constitucional tão importante quanto incompreendida, que é o ato jurídico perfeito.

Mudanças na legislação

A despeito de todas as inconformidades publicamente demonstradas na mídia e nos eventos científicos, por ocasião do advento das ECs ns. 19/1998, 20/1998, 41/2003 e 47/2005, o direito adquirido não produziu celeumas correspondentes a tantas novidades trazidas pelas normas.

De qualquer modo, essas inovações trouxeram indisposições, a maioria delas versando sobre as figuras da inexistência do direito (I), expectativa (II), o direito simples (III) e o direito adquirido (IV), justificando pequenas pinceladas pertinentes à suspensão, cancelamento e encerramento do benefício (V).

Desde o venerando Carlo Francesco Gabba tem-se que, respeitado o direito adquirido (a coisa julgada e o ato jurídico perfeito), quaisquer transformações são permitidas e bem-vindas se claramente fundadas, tecnicamente justificadas e amplamente divulgadas, para isso, convindo saber o que é, exatamente, esse instituto técnico.

É necessário recordar que se trata de uma convenção histórica e princípio jurídico muito importante para o equilíbrio das relações previdenciárias, a tranquilidade da ordem jurídica e a justiça social.

Ato jurídico perfeito

Consabidamente em seu art. 5º, XXXVI, a Carta Magna sustenta haver preservação jurídica dos atos praticados pelo titular de um direito, quando ele observar as regras pertinentes. Trata-se de garantia do indivíduo e não da instituição. De sorte que, no passado, se a pessoa se conduziu exatamente nos termos da lei (quando ela impunha algum procedimento), mais tarde, introduzido um comportamento novo, não se pode reclamá-lo preteritamente à data-base da exigência.

Ausência da pretensão

Quando o segurado não atendeu nenhum dos vários requisitos definidores do benefício, por exemplo, o tempo de serviço ou provar a exposição aos agentes nocivos, não há falar-se em pretensão.

Inexiste a faculdade jurídica e tal quadro não se identifica com a expectativa (que, de alguma forma, especialmente quando positivada, gera anseios, volições e expectativas).

O servidor cuja função não estava arrolada nos Anexos I e II do Decreto n. 83.080/1979, nem no Anexo III do Decreto n. 53.831/1964, não tem como invocar o direito de categoria por falta de amparo legal e fica sem as benesses da presunção *jure et jure* ali presente.

Expectativa de realização

No cenário em que se entende presente a expectativa de direito (que é o nada, caso não haja previsão da hipótese na legislação), o servidor apresentar parcialmente os requisitos legais sem os completar — que, quando reunidos, definiria o direito — assim, não há a faculdade, queda-se ele esperando integralizá-los mais adiante (isso, se a legislação não for modificada).

Quem tem 24 anos de serviço especial, se a lei não prevê idade mínima para o benefício, diante de uma imposição desse tipo, faltando os 12 meses para o tempo legal, terá de se conformar em cumprir a idade mínima então estabelecida.

Até que fosse introduzido um período básico de cálculo das aposentadorias dos servidores, o último vencimento era a base de cálculo dos proventos. A partir dessa mudança, são considerados os salários de contribuição desde julho de 1994.

Se o segurado não assegurou o direito à aposentadoria especial antes de tal mudança, completando os pressupostos após essa data, terá de submeter a um período básico de cálculo, que começa em julho de 1994, com as consequências daí advindas.

Direito simples

A expressão "direito simples" é, aqui, empregada para se distinguir da locução "direito adquirido" (reservada esta última para quem deixa de exercitar a faculdade depois do momento esperado pelo legislador). Direito simples e direito são a mesma coisa, ou seja, corresponde ao cenário de quem preencheu os requisitos legais e o exerceu a pretensão ato contínuo. Não se confunde com a expectativa de direito nem com o direito adquirido (embora algo semelhante com este último quadro).

Diz respeito ao segurado que se expôs ao agente nocivo durante 25 anos de atividade especial, prova esse fato ao RPPS, além de deter as demais condições.

Evidentemente que essa configuração vale, também, para a aposentadoria por tempo de contribuição, que compreenda algum tempo especial convertido para o comum.

Conversão de tempo especial

O estudo da conversão do tempo especial para o comum compreendia algumas facetas distintas: primeiro, as tradicionais, daquele que preencheu os requisitos legais e, segundo, saber se o segurado poderia converter tempo de serviço posterior a 28.5.1998 ou outra data-base de fim dessa pretensão.

Estas questões praticamente desapareceram, uma vez que a indigitada data--base 28.5.1998 deixou de ser considerada.

Concomitância dos requisitos

Seguindo as demais prestações, o direito ao benefício impõe uma espécie de superexigência que é a concomitância dos pressupostos legais.

De nada adiantará alguém ter trabalhado em atividades especiais seguidamente, se, no momento de solicitar o benefício, estiver com apenas 24 anos de tempo de serviço (faltando um para completar o tempo especial).

Direito incorporado

Finalmente, o direito adquirido, aquele bem agregado ao patrimônio do titular, dicção reservada para quem desfruta do direito, mas não o exercitou a tempo ou em face da superveniência de norma que diminuiu a pretensão do trabalhador (impondo, por exemplo, idade mínima).

Na primeira hipótese, a pessoa trabalhou 25 anos em atividade especial e continuou trabalhando nessa mesma atividade ou na comum e, só mais tarde, requereu a prestação. Valendo lembrar que, se o salário de benefício, quando completou os requisitos, era superior ao da DER, aquele é que servirá de base de cálculo para o benefício e não este.

Na segunda hipótese, a pessoa também completou os 25 anos e, mais tarde, sobreveio lei criando um requisito inexistente (PBC maior, carência dilatada, idade mínima, documento não previsto anteriormente, fator previdenciário, etc.). Tal exigência valerá para quem estava na expectativa de direito e não para quem tinha o direito que, agora, se designará como direito adquirido.

Solicitação a destempo

Quando o servidor requerer a aposentadoria especial fora do momento esperado (que é o dia seguinte ao da reunião das exigências legais), tal posição envolve algumas questões particulares:

a) decadência — Por sua natureza, o benefício é imprescritível e jamais decai; a qualquer momento poderá solicitá-lo.

b) início do pagamento — As mensalidades, no comum dos casos, começarão na data de publicação no DOU e, até que isso aconteça, o servidor mantém-se no cargo.

c) diminuição dos salários de contribuição — Pensar-se-á no cálculo da época da integralização dos requisitos, pois, embora rara a figura, pode dar-se de ter havido posterior diminuição legal nos vencimentos.

d) atualização monetária — Optar-se-á pelos mesmos índices de reajustamento dos benefícios, como se a prestação tivesse sido deferida na época própria.

e) abono de permanência — O direito à aposentadoria especial gera o abono de permanência.

Revisão da concessão

Mors omnia solvit. A aposentadoria especial, como qualquer outro benefício em manutenção, pode ter sua instrução reapreciada pelo órgão gestor do benefício (um RPPS), ato vinculado administrativo que deve cercar-se de todo cuidado, em face dos desconfortos que poderá causar ao servidor, inclusive podendo deflagrar prejuízos.

Em virtude de irregularidades materiais ou jurídicas, estas últimas, as principais, e até mesmo de fraude, em certas circunstâncias, observado o devido processo legal, o pagamento, inicialmente, será suspenso.

Cancelamento das mensalidades

Transitada em julgado a decisão final, demonstrado a exaustão não haver o direito, impor-se-á o seu cancelamento.

O cancelamento não se confunde com encerramento, que se dá por outros motivos: a) morte do segurado; b) desaposentação; c) transformação em outro benefício; etc.

TEMPUS REGIT ACTUM   Capítulo 33

Tendo em vista que a lei complementar federal, futuramente, disciplinará a aposentadoria especial e as normas administrativas emitidas em razão das decisões do STF, não poderão ignorar o art. 40, § 12, da Carta Magna, à vista da história do benefício, pelo menos desde 1960, muitas das mudanças havidas na legislação têm de ser consideradas.

No âmbito do RGPS, criada a prestação em 1960 (art. 31 da LOPS), mais de uma dezena de leis alteraram suas características, criando períodos de vigência com datas-base em que prevaleceram certas definições legais e administrativas.

Dá-se exemplo com a Lei n. 6.643/1979 que identificava o exercício da atividade sindical como especial, uma avaliação equivocada que desapareceu com a Lei n. 9.032/1995. Caso a referida regulamentação antes citada pretenda instituir esse mesmo direito para o servidor, terá de observar o período de vigência das duas leis.

Em todo o caso, sem sombra de dúvidas, o período de atividade sindical exercido na iniciativa privada e computado via contagem recíproca de tempo de serviço num RPPS terá de ser tido como especial. Diante de todas as mudanças, vale o princípio *tempus regit actum*, ou seja, deve ser observada cada uma das normas que vigeram.

Níveis de ruído

Os períodos de validade são os seguintes:

a) até 5.3.1997 — 80 dB(A), quando foi alterado pelo Decreto n. 2.172/1997.

b) de 6.3.1997 até 10.10.2001 — 90 dB(A), véspera da publicação da IN INSS/DC n. 57/2001.

c) de 11.10. 2001 até 18.11.2003 — 90 dB(A), com histograma ou memória de cálculo (até o Decreto n. 4.882/2003).

d) de 19.11.2003 em diante — 85 dB(A), por força do Decreto n. 4.882/2003.

Temperaturas anormais

a) Até 5.3.1997 — Acima de 18 graus Celsius "não sendo exigida a medição em índice de bulbo-úmido termômetro de globo — IBUTG".

b) Desta data até 10.10.2001 — Estiver em conformidade com o Anexo 3 da NR-15, "atentando para a taxa de metabolismo por tipo de atividade e os limites de tolerância com descanso no próprio local de trabalho ou ambiente mais ameno".

c) A partir de 19.11.2001 — Ultrapassar os limites de tolerância do Anexo 3 da NR-15, avaliado pelas metodologias e procedimentos adotados pela NHO-06 da FUNDACENTRO.

Agentes químicos

a) Até 5 de março de 1997 — Conforme o Código 1.0.0 do Decreto n. 53.831/1964, com a presunção de exposição.

b) A partir de 6 de março de 1997 — Em conformidade com o Anexo IV do Decreto n. 2.172/1997.

c) A partir de 19 de novembro de 2003 — Metodologias e procedimentos da NHO 02, NHO-03, NHO 04 e NHO 07 da FUNDACENTRO.

Uso de EPI

No RGPS, a exigência do registro da tecnologia de proteção nos documentos que informam o direito deu-se a contar da Lei n. 6.932/1998.

Volta ao trabalho

A partir de 3.12.1998 para as aposentadorias concedidas no período anterior à edição da Medida Provisória n. 1.729/1998.

Desde essa data, a contar do efetivo retorno ou da permanência na atividade (IN n. 45/2010, art. 252).

PPP e LTCAT

O PPP e o LTCAT emitidos pelas empresas da iniciativa privada substituíram os documentos anteriores, a partir de 1º.1.2004.

A despeito de existirem provas pretéritas, anteriores a essa data, que sejam consideradas, nada impede que agora sejam emitidos os dois documentos, referindo-se a períodos anteriores quando baseados em declarações válidas vigentes.

Direito de Categoria

A data-base do direito de categoria é 28.4.1995, sendo acolhida até essa data e desaparecida a partir de então.

Requerimento da aposentadoria

a) Até 28.4.1995 — Os documentos trabalhistas da época (SB-40).

b) Depois de 28.4.1995 até 13.10.1996 — Documentos trabalhistas mais o laudo técnico.

c) Entre 14.10.1996 até 31.12.2003 — Documentos trabalhistas mais o perfil profissiográfico.

d) A partir de 1º.1.2004 — apenas o PPP.

Capítulo 34

NORMA MAIS BENÉFICA

Tanto quanto no RGPS, em algum momento, nos RPPS se proporá o questionamento da norma mais benéfica e qual solução a ser adotada pela Administração Pública.

Em certas circunstâncias, presente a aposentadoria especial e outro direito, será preciso sopesar qual deles é que prevalecerá.

Lembra o Enunciado CRPS n. 5: "A previdência social deve conceder o melhor benefício a que o segurado fizer jus, cabendo ao servidor orientá-lo nesse sentido".

Embora ditada com uma redação que justifica alguns embargos declaratórios fáticos, esta disposição consagra um dos mais importantes princípios da previdência social: o da norma mais benéfica (*Princípios de Direito Previdenciário*. 4. ed. São Paulo: LTr, 2003. p. 311).

Tais "embargos" diriam respeito à dúvida deixada implícita: se o servidor faz jus ao melhor benefício, ele deveria ser deferido sem ser ouvido o interessado? O preceito diz que há o direito ao melhor, mas o segurado deve ser orientado para fazer a opção.

Já fez parte do Prejulgado n. 1 da Portaria MTPS n. 3.286/1973, que dizia: "Constituindo-se uma das finalidades primordiais da Previdência Social assegurar os meios indispensáveis de manutenção do segurado, nos casos legalmente previstos, deve resultar, sempre que ele venha a implementar as condições para adquirir o direito a um ou a outro benefício, na aplicação do dispositivo mais benéfico e na obrigatoriedade de o Instituto segurador orientá-lo, nesse sentido".

A veneranda CLPS dispunha em seu art. 125 que "aos beneficiários das instituições de previdência social à data em que entrou em vigor a Lei n. 3.807, de 26 de agosto de 1960, estão assegurados todos os direitos outorgados pelas respectivas legislações, *salvo se mais vantajosos os daquela lei*" (grifamos). Infelizmente, vinha acompanhada desta preciosa pérola de discriminação jurídica: "O disposto neste artigo não se aplica ao segurado facultativo" (parágrafo único).

O art. 122 do PBPS inicia sua oração falando em: "Se mais vantajoso, fica assegurado o direito à aposentadoria, nas condições legalmente previstas na data do cumprimento de todos os requisitos necessários à obtenção do benefício, ao segurado que, tendo completado 35 anos de serviço, se homem ou trinta anos, se mulher, optou por permanecer em atividade".

Aquele enunciado do CRPS, uma norma de superdireito válida para os RPPSs, justifica uma nota doutrinária e um exemplo. Ele trata de um segurado que tinha um salário de benefício maior, quando completou os requisitos e que perdeu esse patamar na ocasião da aposentação; trata-se de direito adquirido àquele valor superior.

Nessas condições, nas raras circunstâncias de redução legal dos vencimentos, se o servidor havia completado os 25 anos de atividade especial quando desfrutava de uma remuneração maior, esta é que deve servir de base para a definição da renda inicial e não a dos últimos vencimentos.

Essa diretriz, ministrar a adequada atenção, está inserida no fundamento de que o Estado precisa deferir a melhor prestação estatal, buscando o bem comum do servidor e, convenientemente, para que não tenha de suplementar ou complementar essa proteção social.

A aplicação da norma mais benéfica não é um instituto exclusivamente da legislação previdenciária. É provável que tenha sido consagrada há mais tempo no Direito do Trabalho, ramo jurídico que já produziu artigos, teses de dissertação e livros sobre o assunto.

Paul Durand fixa critérios para a aplicação desse princípio, parte dos quais pode ser utilizada no seguro social: 1) a comparação deve ser efetuada considerando-se o conteúdo da norma e se levando em conta eventuais implicações; 2) a justaposição precisa sopesar a situação de todos os segurados e não de determinado beneficiário; 3) a avaliação da favorabilidade carece de ser objetiva, capaz de ser dimensionada, e não subjetiva; e 4) o confronto das duas normas deve ser feito de maneira concreta, indagando-se se a regra inferior é, no caso, mais ou menos favorável ao beneficiário (*apud* Américo Plá Rodriguez, in *Princípios de Direito do Trabalho*. São Paulo: LTr, 1978. p. 55-56).

Ao falar em "melhor benefício", deve ser entendido como a norma mais benéfica e não apenas como o melhor benefício, incluindo os seus elementos, juntamente com o seu valor.

Embora possa parecer simples o conceito de "melhor", não implica na análise da situação do titular do direito o momento histórico e outros aspectos. Não é mais, necessariamente, o mais comum dos casos, o benefício de maior valor. Quem ultrapassa certo montante pode ter incidência de Imposto de Renda e, ao final, acabar recebendo menos. O que é bom para um servidor pode não ser bom para outro.

A possibilidade de reinserção no mercado de trabalho é um dos elementos da escolha da melhor aposentadoria. O *quantum* da aposentadoria especial é de 100% do salário de benefício, mas impede o retorno a certa atividade.

Pressuposto lógico

O pressuposto lógico é que estejam delineados, configurados e consumados os direitos postos em confrontação. A expectativa de direito não pode ser colocada vis a vis com o direito nem com o direito adquirido, para os fins da escolha. São posições distintas.

Só tem sentido falar em escolha diante da existência do direito a um de dois cenários jurídicos.

Dever de orientação

Sob o princípio constitucional da transparência administrativa, dentro da obrigação da previdência social de prestar informações aos beneficiários está embutido o dever de esclarecer, em cada caso, a disposição mais benéfica. Diante da complexidade da legislação e do desconhecimento generalizado da maioria das pessoas, se não existisse esse encargo administrativo, apenas algumas parcelas da população poderiam exercitar os direitos básicos da cidadania. Não são todos os brasileiros que sabem que é possível acumular aposentadoria com pensão.

Sem embargo da mídia, dos sindicatos, dos órgãos representativos e de outras entidades assumirem o ônus de divulgar os direitos mínimos dos cidadãos, a iniciativa da existência de um direito maior é do órgão gestor. Sua falta pode caracterizar o pressuposto do dano moral.

A possibilidade de o servidor exercitar a melhor opção não consta da lei tão expressamente como desejável. Uma transformação não deixa de ser uma revisão.

Manifestação da vontade

Quando do pedido de um benefício, diante da possibilidade de outro, depois de consultar o interessado, o RPPS deve obter uma declaração escrita da escolha. Nem sempre a informação verbal é suficiente.

Juridicamente, por falta de disposição legal, não existe a presunção de que o segurado quer o melhor, ainda que, fora do Direito Previdenciário, isso seja evidente.

Previdência privada

Abstraindo eventual convenção em contrário, a norma mais benéfica e o dever de orientar também fazem parte da futura previdência complementar do servidor. A escolha do instituto técnico mais conveniente ao participante entre resgatar a reserva de poupança e transportar a reserva matemática deve levar em conta os vários desdobramentos de cada uma dessas soluções.

Direito adquirido

Diante do direito adquirido, ainda que não invocado essa pretensão do servidor deve ser cogitado.

Poder Judiciário

Não se considera decisão *extra petita* a sentença judicial indicar solução melhor do que a buscada pelo segurado.

Capítulo 35   **EXPECTATIVA DE DIREITO**

A pretensão às prestações previdenciárias do servidor, no que diz respeito à passagem do tempo, configura um direito em formação, da mesma forma como o seu exercício.

Ou seja, durante o tempo necessário, o servidor presta serviços ao Estado, contribui mensalmente e, um dia, atende os pressupostos do benefício que é o tempo de serviço.

No caso da aposentadoria especial, uma espécie da aposentadoria por tempo de serviço, ele também poderá estar completando outros requisitos de índole temporal (como é o caso dos dez anos de serviço público e cinco anos no cargo).

Há uma data-base, momento do preenchimento das exigências legais, em que o tempo se divide em duas frações: a) consumação do período exigido e b) tempo posterior a essa consumação.

Os três principais requisitos de ordem temporal para a aposentadoria especial podem ser realizados simultaneamente ou em três momentos distintos. Pode se deter os 25 anos especiais e os dez anos no serviço, mas não os cinco anos naquele determinado.

Neste caso, com vistas aos vencimentos desse último cargo, o servidor teria que esperar completar os cinco anos ou se aposentar com vencimentos calculados com base no cargo anterior.

Essas situações, de quem ainda não completou todos os requisitos, dizem respeito à expectativa de direito, vale dizer, de alguém próximo da consumação do direito, assegurando o direito dito simples, mas sem fazer jus ao benefício.

Além de afirmar-se que quem está no cenário jurídico da expectativa não tem direito (e muito menos direito adquirido), toda esta matéria está intimamente associada às mudanças das regras.

Baseados na ON MPOG n. 6/2010 ou na IN SPPS n. 1/2010, antes da emissão da lei complementar prevista na Carta Magna, não há exigência de limite de idade, mas certo Projeto de Lei Complementar prevê idade mínima de 50 anos (mulheres) e 55 anos (homens).

Caso tal disposição seja positivada, quem não preencheu os requisitos legais até a data do início da eficácia da LC queda-se na expectativa de direito, ou seja, ficará sem direito. Exceto, é claro, se essa mesma norma impuser uma regra de transição que amenize a implantação abrupta do limite de idade.

Em termos jurídicos, excetuada a previsão de alguma vantagem prevista na norma jurídica, a expectativa de direito e o nada jurídico são a mesma coisa.

Por oportuno, vale lembrar que, às vezes, como acontece com a aposentadoria por tempo de serviço, o servidor situa-se na expectativa da integral, mas com direito a proporcional. O mesmo não acontecerá com a aposentadoria especial, que não experimenta proporcionalidade.

Expectativa de direito não deve ser confundida com o não exercício do direito. Quem preencheu todos os requisitos e não requereu a aposentadoria especial, poderá fazê-lo a qualquer tempo e sem ter de atender outros requisitos que uma lei nova tenha acrescido, porque tem direito adquirido.

Capítulo 36   **RENDA INICIAL**

Com o advento das ECs ns. 20/1998, 41/2003 e 47/2005, o cálculo da renda inicial dos proventos dos servidores sofreu relevantes alterações e se aproximou significativamente da renda inicial dos benefícios do RGPS.

Período básico de cálculo

A despeito da clareza do art. 40, § 3º, da Carta Magna, diz o art. 1º, § 2º, da Lei n. 10.887/2004 que: "A base de cálculo dos proventos será a remuneração do servidor no cargo efetivo nas competências a partir de julho de 1994 em que *não* tenha havido contribuição para regime próprio" (grifos nossos).

A presença de um "não" precisa ser justificada como sendo relativa a RPPS que possam não ter exigido contribuição dos servidores, mesmo após os servidores federais passarem a recolher, obrigatoriamente, aportes para as aposentadorias (EC n. 3/1993 e Lei n. 9.873/1999).

Nesse interregno, se existirem meses em que o servidor não pertenceu a qualquer RPPS ou ao RGPS e, portanto, não contribuiu, eles serão excluídos do cálculo, resultando como válidos aqueles em que verteu contribuições. Se a contribuição era devida e não foi retida ou recolhida pela repartição pública, ela deve ser presumida (PCSS, art. 33, § 5º).

Melhor esclarecendo, o art. 56, § 8º, da ON SPS n. 1/2007 diz que: "Se a partir de julho de 1994 houver lacunas no período de contribuição do segurado por não vinculação a regime previdenciário, em razão de ausência de prestação de serviço ou de contribuição, esse período será desprezado do cálculo de que trata este artigo" (Revogado pela ON SPS n. 2/2009).

Salários de contribuição

Os 80% maiores salários de contribuição considerados são aqueles vencimentos auferidos desde julho de 1994 (ou iniciados posteriormente a essa data) até o mês véspera do pedido do benefício.

Atualização monetária

Diz o art. 1º, § 1º, da Lei n. 10.887/2004 que: "As remunerações consideradas no cálculo do valor inicial dos proventos terão os seus valores atualizados mês a mês de acordo com a variação integral do índice fixado para a atualização dos salários de contribuição considerados no cálculo dos benefícios do regime geral de previdência social". Ou seja, variação integral do INPC.

Nos anos de 2009 e 2010 foram feitas críticas por lideranças sindicais e associações de aposentados a respeito dos índices de correção monetária de um período tão longo, julgando que seria mais correto que fossem apenas os últimos dez anos.

Dificilmente um indexador histórico que abarque 192 meses pode ser adequado.

Média aritmética

Conforme o *caput* do art. 1º da Lei n. 10.887/2004, a média aritmética simples (designada como salário de benefício no RGPS) consistirá na soma dos 80% maiores salários de contribuição do PBC dividida pelo número de meses compreendidos até o mês véspera da DER.

Redução do valor

Diz o art. 2º, § 1º, da EC n. 41/2003 que: "O servidor de que trata este artigo que cumprir as exigências para aposentadoria na forma do *caput* terá os seus proventos de inatividade reduzidos para cada ano antecipado em relação aos limites de idade estabelecidos pelo art. 40, § 1º, III, *a* e § 5º da Constituição Federal, na seguinte proporção: I — três inteiros e cinco décimos por cento, para aquele que completar a exigências para aposentadoria na forma do *caput* até 31 de dezembro de 2005; II — cinco por cento, para aquele que completar e as exigências para aposentadoria na forma do *caput*, a partir de 1º de janeiro de 2006".

Limites mínimo e máximo

Nenhuma contribuição mensal inferior ao salário mínimo poderá ser considerada como salário de contribuição (art. 1º, § 4º, I). Na rara hipótese, mas não impossível, de um servidor receber abaixo de R$ 510,00, esse valor fará parte dos cálculos.

Os salários de contribuição do servidor que esteve filiado ao RGPS não poderão ultrapassar o teto de contribuição da previdência social (art. 1º, § 4º, II).

Limite dos proventos

Diz o art. 40, § 2º, da Carta Magna que: "Os proventos de aposentadoria e as pensões, por ocasião de sua concessão, não poderão exceder a remuneração do respectivo servidor, no cargo efetivo em que se deu a aposentadoria ou que serviu de referência para a concessão da pensão".

A renda inicial dos proventos não pode ser inferior ao salário mínimo, nem superior ao vencimento do servidor. De modo geral, o art. 37, XI, da Lei Maior disciplina os vencimentos e os proventos dos servidores.

Valores incluídos na remuneração

Sempre lembrando a aproximação ao art. 28 do PCSS, dada sua enorme variedade, a lista das parcelas integrantes e não integrantes do salário de contribuição dos servidores é controversa.

Diante dessa dificuldade o art. 4º da Lei n. 10.887/2004 preferiu elencar (e não o fez exaustivamente) os valores que estão excluídos: I — diárias para viagens; II — ajuda de custo em razão de mudança de sede; III — indenização de transporte; IV — salário-família; V — auxílio-alimentação; VI — auxílio-creche; VII — parcelas remuneratórias pagas em decorrência de local de trabalho; VIII — parcela percebida em decorrência do servidor de cargo em comissão ou de função de confiança; e IX — o abono de permanência.

Praticamente todas essas rubricas podem gerar controvérsias. Não distinguindo quais são as diárias para viagens, está excluindo aquelas que ultrapassam 50% dos vencimentos (PCSS, art. 28, § 9º). Também não explicitou qual o tipo de auxílio-creche e existem aqueles que se sujeitam ao salário de contribuição, pelo menos no RGPS. Parcelas remuneratórias sempre fazem parte dos vencimentos. Depois de dispensar as rubricas relativas ao cargo em comissão, logo no § 2º do art. 4º, elas foram reincluídas.

Prova dos vencimentos

Os salários de contribuição são dados que fazem parte dos registros da repartição pública ou entidade, que deverá informá-los (art. 1º, § 3º).

Aumentos próximos da aposentadoria

Como exemplo do que dispõe o PBPS, não há referência a aumentos injustificados próximos da aposentação, até porque, aquela disposição do RGPS é anacrônica em face da contributividade da previdência social.

Uma média de salários de contribuição de mais de 16 anos torna praticamente inútil alguém querer melhorar a média.

Benefícios intercalados

As rendas mensais dos benefícios intercalados devem ser consideradas no cálculo da aposentadoria especial.

Parcelas temporárias

Parcelas temporárias, como as de local de trabalho, de função de confiança ou do abono de permanência, não fazem parte dos salários de contribuição, mesmo que tenha havido contribuição (art. 42 da ON SPS n. 1/2007, revogada pela ON SPS n. 2/2009).

Valores que geram contribuição

A ON SPS n. 1/2007 (Revogado pela ON SPS n. 2/2009), em seu art. 56, § 1º, deixa claro que somente os vencimentos que se prestaram para incidência de contribuição é que integram os salários de contribuição.

Fator previdenciário

A renda mensal inicial da aposentadoria especial não considera o fator previdenciário, que é próprio, exclusivamente, do RGPS (Lei n. 9.876/1999).

Capítulo 37 — TRANSFORMAÇÃO DE BENEFÍCIOS

Além da modalidade habitual, a aposentadoria especial pode nascer em decorrência da transformação de outro benefício.

Necessidade de pressuposto

A aposentadoria especial é originariamente concedida como a maioria dos benefícios, sem necessidade de uma prestação prévia que seja requisito formal (como acontece com a aposentadoria por invalidez ou auxílio-acidente. Estas duas últimas prestações, de regra, reclamam um auxílio-doença antecedente).

Transformação de benefício

Pode acontecer, entretanto, de provir de transmutação da aposentadoria por tempo de serviço ou idade, justificada a mudança pessoal em razão dos percentuais aplicáveis ao salário de benefício.

Isso sucederá se o segurado demonstrar deter tempo especial não apresentado como determinante da primeira prestação.

Pensamento jurisprudencial

Algumas pessoas tentaram a transformação e só obtiveram resultado positivo no Poder Judiciário. Para a 1ª Turma do TRF da 1ª Região: "Se as atividades exercidas pelo segurado são classificadas como perigosas, insalubres ou penosas, não há como deixar de confirmar a sentença que converteu sua aposentadoria comum em especial" (Apelação Cível n. 1990.031138-36/MG, de 27.11.1990, in DJU de 17.12.1990).

Auxílio-doença

Percipiente de auxílio-doença (melhor que seja deflagrado por uma incapacidade decorrente de doenças ocupacionais) tem-se permissão legal para transformá-lo em aposentadoria especial, especialmente contando com o tempo de manutenção dessa prestação por incapacidade.

Mas, claro, o requerente da transformação deverá ter ciência de que o cálculo da renda inicial será afetado por esse benefício.

Aposentadoria por invalidez

O mesmo acontece no caso da aposentadoria por invalidez, dispensando-se o segurado dos exames médicos periódicos, mas, da mesma forma, subsistindo limitações para a volta ao trabalho.

Aposentadoria por idade

No que se refere à transformação da aposentadoria por idade, em especial, o que importa é o valor da renda mensal, de vez que esta última sempre é de 100% do salário de benefício, enquanto a primeira pode ser de montante inferior.

Aposentadoria por tempo de contribuição

A transformação da aposentadoria por tempo de contribuição, em especial, preenchidos os requisitos legais desta última, atende ao Prejulgado n. 1 da Portaria MTPS n. 3.286/1973: "Consistindo uma das finalidades primordiais da Previdência Social assegurar os meios indispensáveis de manutenção do segurado, nos casos legalmente previstos, deve resultar, sempre que ele venha a implementar as condições para adquirir o direito a um, ou a outro benefício, na aplicação do dispositivo mais benéfico, e na obrigatoriedade de o Instituto segurador orientá-lo nesse sentido".

Aposentadoria do professor

Quem está aposentado como professor não tem por que pretender a transformação na aposentadoria especial, em razão das limitações desta última.

Aposentadoria especial

Assim como os demais benefícios, possivelmente pensando no desejo de voltar ao trabalho — que é limitado pela aposentadoria especial — aquele que está recebendo esse benefício e voltou ao trabalho, ou continuou trabalhando e contribuindo, especialmente em atividade comum, atendidos os requisitos inerentes ao cenário, não encontra obstáculos na lei a pretender transformar essa prestação numa aposentadoria por idade ou por tempo e contribuição (que permite a volta ao trabalho).

Manifestação sumular

Determinava a Súmula TFR n. 201: "Conversão de aposentadoria comum, por tempo de serviço, em especial. Empregado Doméstico. Vigência. Não constitui obstáculo à conversão da aposentadoria comum, por tempo de serviço, em especial, o fato de o segurado haver se aposentado antes da vigência da Lei n. 6.887, de 1980" (DJ de 2, 3 e 4.12.1985).

POSSIBILIDADE DE DESAPOSENTAÇÃO Capítulo 38

Toda a teoria da desaposentação, em termos substantivos (direito subjetivo) e adjetivos (procedimentalística processual), adotada em termos de simples renúncia à aposentação (I), abdicação das mensalidades de um benefício legitimamente deferido e mantido — sem abdicação do tempo de serviço — e nova aposentação (II), no mesmo RPPS ou em face do RGPS, ou de outro RPPS, instituto técnico que ficou conhecido ultimamente, terá de ser considerado diante da aposentadoria especial do servidor.

Resistência do RPPS

Do mesmo modo, como sucede com o INSS, que não concorda com esse procedimento, é altamente provável que o órgão gestor que concede a aposentadoria especial resista à ideia de desfazer a concessão dos benefícios e o interessado tenha de se socorrer ao Poder Judiciário.

Objetivo do servidor

O percipiente da aposentadoria especial do RPPS pode pretender cessar o benefício mantido e aposentar-se nesse mesmo RPPS ou em outro, desde que obtivesse benefício distinto, normalmente melhor. Ele também poderia pensar numa aposentadoria por tempo de contribuição ou aposentadoria por idade.

Restituição do recebido

Para que o tempo de serviço especial seja portado para outro RPPS, além do acerto de contas entre os dois regimes (Lei n. 9.676/1999), será preciso considerar a figura da restituição dos valores da jubilação já auferidos.

Volta ao trabalho

Tendo em vista o disposto no art. 37, XI, da Carta Magna, uma eventual desaposentação não poderá ignorar as vedações ao exercício de uma atividade concomitante com a percepção da aposentadoria especial.

Trabalho no RGPS

Uma vez obtida a desaposentação no serviço público, não há impedimento para que o ex-servidor volte ao trabalho na iniciativa privada e ali, via contagem recíproca de tempo de serviço, obtenha um benefício do INSS.

Regulamentação da matéria

Diante da complexidade do instituto técnico, tratar-se de concepção nascente não inteiramente aperfeiçoada, não se espera que as regulamentações administrativas venham a abordar o tema. Recomenda-se que a lei complementar de que fala o art. 40, § 4ª, da Lei Maior, enfoque essa possibilidade.

Efeitos da desaposentação

Com o desfazimento oficial da aposentadoria especial, o servidor retorna à condição anterior ao deferimento do benefício. Quando autorizado pela lei, ele pode, então, voltar ao trabalho na atividade contemplada no art. 40, § 4º, da Carta Magna.

Pensamento judiciário

Todas as dificuldades operacionais do INSS e do Poder Judiciário Federal, em termos de desaposentação do servidor, serão acrescidas da condição de submetido ao Direito Administrativo.

ACUMULAÇÃO DE BENEFÍCIOS

Capítulo 39

As regras de acumulação de benefícios não suscitam grandes dúvidas em matéria de aposentadoria especial. Entretanto, muitas questões administrativas estarão em pauta, principalmente em razão dos profissionais da saúde que prestam serviço para dois ou mais entes da República (hospitais e postos de saúde da União, dos Estados e dos Municípios).

Independência do RGPS

As considerações que se seguem dizem respeito, tão somente, aos RPPSs, de vez que o direito à aposentadoria especial no RGPS é específico e distinto do serviço público.

Regras válidas

No RGPS, os comandos que disciplinam a percepção conjunta de prestações estão estampados no art. 124 do PBPS e melhor explicitados no art. 167 do RPS; daí, doutrinariamente, ter-se-á de obter informações úteis para a interpretação, na medida em que esta área é relativamente deserta de normatização.

Aposentadorias programadas

Respeitadas a particularidades do art. 37 da Lei Maior, sendo benefício especial classificado como substituidor dos vencimentos, não pode ser acumulado com qualquer outra prestação que tenha essa mesma natureza substitutiva, especialmente, a aposentadoria por tempo de contribuição ou por idade, ou mesmo a do professor.

Benefícios por incapacidade

A licença médica e a aposentadoria por invalidez são incompatíveis com a aposentadoria especial. Se o percipiente desta última, autorizado legalmente a voltar ao serviço, ficar inapto para o trabalho, nada receberá do RPPS a título de benefício por incapacidade.

Atividades simultâneas

Persistentes duas filiações decorrentes do exercício de duas atividades especiais válidas, somente subsiste o direito às prestações correspondentes.

Com essas duas inscrições, geradas em dúplices relações submetidas ao RGPS, os salários de contribuição serão somados à luz do disposto no art. 32 do PBPS.

Licença-maternidade

Na rara hipótese de uma servidora aposentada retornar ao serviço público sem suspensão da aposentadoria especial e engravidar, não fará jus ao benefício previdenciário inerente à maternidade, quedando-se apenas com a licença médica laboral.

Remuneração trabalhista

A aposentadoria especial não pode ser acumulada com os vencimentos derivados da atividade insalubre, mas, nos casos de retornos autorizados, a percepção simultânea é possível.

Abono de permanência

É vedada a percepção de abono de permanência (dispensa de contribuição) com a aposentadoria especial.

Outro regime

Inexiste norma de superdireito que impeça o recebimento de aposentadoria especial nos regimes de iniciativa privada e do serviço público, quando do exercício permitido, particularmente tratando-se de médico e professor.

Capítulo 40   **SITUAÇÃO DO PROFESSOR**

Em 2011, o benefício de certos trabalhadores da educação, ocupados no magistério *stricto sensu* da iniciativa privada (giz na mão), deve ser designado como "aposentadoria do professor" (PBPS, art. 56) para não ser confundida com sua antiga aposentadoria especial, não mais existente desde 30.6.1981, nem com a disciplina constitucional do benefício do mesmo educador que trabalha no serviço público ou com a aposentadoria por tempo de contribuição do próprio RGPS (sem prejuízo de pontos em comum).

Importa, ainda, não confundir as atuais regras permanentes da Carta Magna (arts. 40 e 201) com as de transição da EC n. 20/1998 e as contidas na EC n. 41/2003.

Desde 30.6.1981, com vistas à aposentadoria especial, o cenário jurídico do professor sofreu significativas mutações na legislação, gerando insatisfações, perplexidades e incompreensões. Boa parte disso decorreu da disciplina da legislação ordinária (1960, na LOPS), desaparecida em virtude da ascensão do benefício para o plano constitucional (aliás, promovida pelos representantes dos mestres) com outras características e, por sinal, separando os professores das professoras.

Com efeito, o direito ao benefício, hoje regrado no art. 56 do PBPS (e não nos arts. 57/58), ascendeu ao patamar constitucional *ex vi* da EC n. 18/1981. Assim, passou a existir uma prestação específica do professor, do tipo aposentadoria por tempo de contribuição, com sede na Carta Magna e no PBPS, seguindo regras que não comportam a conversão de tempo de serviço especial (porque não é mais especial, desde 30.6.1981).

Este educador, ou se aposenta como professor, ou o faz na aposentadoria por tempo de contribuição comum (arts. 52/55 do PBPS). Ponto de vista que poderá ser confrontado com situações particulares: bastará um médico do trabalho declarar que o exercício do magistério, tido como penoso (como é) ou insalubre, e até perigoso (como em parte pode ser), pôs em risco a saúde ou a integridade física do professor, universitário ou não, para que a Justiça Federal considere a hipótese de dar ganho de caso ao segurado.

Descrição do segurado

Constitucionalmente, a situação do professor comparece no art. 40, § 5º, da Lei Maior, especificando tratar-se do magistério "na educação infantil e no ensino fundamental e médio" (EC n. 20/1998), em relação ao servidor público, com regra de transição no art. 2º, § 4º, da EC n. 41/2003.

Antes das mudanças da EC n. 20/1998, para a Portaria MPAS n. 2.865/1982 "as atividades dos professores segurados da Previdência Social urbana que, em estabelecimento de ensino de 1º e 2º graus, ou de ensino superior, bem como em curso de formação profissional, autorizados ou reconhecidos pelos órgãos componentes do Poder Executivo Federal ou Estadual: a) exerçam atividades docentes a qualquer título; b) ocupem funções de administradores, planejadores, orientadores, supervisores ou outras específicas dos demais especialistas da educação".

Atualmente, nada obstante assim não pensarem os próprios educadores, para os efeitos do RGPS, professor é o trabalhador que opera no estabelecimento de ensino privado ou público (quando sem regime próprio), que ministra o conhecimento em sala de aulas, não se confundindo com adestradores, treinadores, diretores de escola, pesquisadores, supervisores, secretários, orientadores, planejadores, administradores, particularmente os especialistas, etc., ou seja, pessoas que não estejam em contato direto com os alunos no âmbito de curso infantil, fundamental ou médio.

EC n. 18/1981

O art. 2º da EC n. 18/1981 dizia: "O art. 165 da Constituição Federal é acrescido do seguinte dispositivo, passando o atual item XX a vigorar como XXI: XX — a aposentadoria para o professor após 30 (trinta) anos e para a professora, após 25 anos (vinte e cinco) anos de efetivo exercício em funções de magistério, com salário integral".

Note-se que nessa ocasião o conceito era *lato sensu*, bastando ocupar-se do magistério, com 100% do salário de benefício e separando o homem da mulher.

A partir de 30.6.1981, deixou de existir a aposentadoria especial do professor, qualquer que seja ele, público ou privado. Ele é destinatário de uma outra aposentadoria, que é constitucional.

EC n. 20/1998

O art. 202, III, da Carta Magna, em sua redação original de 1988, proclamava que era assegurada: "III — após 30 anos, ao professor, e após 25, à professora, por efetivo exercício de função de magistério".

Em vez de disciplinar separadamente esse benefício, a EC n. 20/1998 preferiu fazê-lo indiretamente, dizendo que "os requisitos a que se refere o inciso I do parágrafo anterior" — quando trata da aposentadoria por tempo de contribuição — "serão reduzidos em cinco anos, para o professor que comprove exclusivamente tempo de efetivo exercício das funções de magistério na educação infantil e no ensino fundamental e médio".

A ADIn n. 178-7/RS, de 22.2.1996, ao obstar a conversão do tempo especial para o comum, aludiu as "específicas funções de magistério, excluída qualquer outra" (item 2), que foi entidade *stricto sensu* como sendo de sala de aula, excluindo os educadores, de modo geral, que não dão aula.

Para fins trabalhistas, a norma que tem competência para explicitar o que é professor é a Lei n. 9.394/1996 (Lei de Diretrizes e Bases).

No Código 2.1.4 do Decreto n. 53.831/1964 (Anexo III), vê-se menção a esse magistério, sem, entretanto, defini-lo.

Para os fins do RGPS a Lei n. 9.876/1999, em seu art. 2º, ao modificar a redação do art. 29 do PBPS, tratando da fórmula do fator previdenciário, acresceu o § 9º, que diz: "I — cinco anos, quando se tratar de mulher; II — cinco anos, quando se tratar de professor que comprove exclusivamente tempo de efetivo exercício das funções de magistério na educação infantil e no ensino fundamental e médio; III — dez anos, quando se tratar de professora que comprove exclusivamente tempo de efetivo exercício das funções de magistério na educação infantil e no ensino fundamental e médio".

Claro que essas aduções somente valem para a decantação do fator e não para definir o coeficiente aplicável ao salário de benefício.

O art. 56 do PBPS faz menção ao "efetivo exercício em funções de magistério", pouco esclarecendo. O art. 61, § 2º, do RPS, não define o professor, apenas veda a conversão de tempo de serviço.

Direito de categoria

O chamado direito de categoria, expressão designativa da validade da presunção absoluta em favor de certos trabalhadores e que vigeu até 28.4.1995, derrogado pela Lei n. 9.032/1995, também beneficiou o professor, pelo menos enquanto ele fazia jus à aposentadoria especial, isto é, 30.6.1981.

Os períodos de trabalho executados até essa data, para efeito da aposentadoria por tempo de contribuição, podem ser convertidos e somados ao tempo comum do trabalhador. A previsão desse direito de categoria constava do Código 2.1.4 do Anexo III do Decreto n. 53.831/1964.

Juízes e estudiosos, tendo em vista que o INSS só tomou conhecimento do fim da aposentadoria especial do professor quando da Medida Provisória n. 1.523/1996 e, levando em conta que a autarquia continuou deferindo os pedidos, sem jamais tê-los revistos (o que, aliás, seria um absurdo), sustentam que o direito de categoria prevalece até 28.4.1995.

Conversão de tempo de serviço

O professor, tanto quanto outros profissionais distinguidos com benefícios especificados (PBPS, art. 148), reabre a discussão de se saber como compensar quem exerceu certo tempo de serviço numa dessas atividades distinguidas, mas não contemplou o tempo exigido pelo legislador, que poderia ser mediante o instituto da conversão, criado pela Lei n. 6.887/1980.

O professor tem de cumprir os tempos de magistério de 25 anos (mulher) e 30 anos (homem). Caso não tenha trabalhado todo esse tempo, terá de completar mais cinco anos para poder gozar a aposentadoria por tempo de contribuição integral porque não pode converter o tempo anterior.

Adução ao fator previdenciário

Tendo em vista que o fator previdenciário não faz distinção entre o segurado comum e o professor, e que este último profissional tem direito à aposentadoria por tempo de contribuição cinco anos antes, a fórmula do fator previdenciário prevista na Lei n. 9.876/1999, acresce cinco anos para o homem e dez anos para a mulher.

Professor público

Como exemplo do que sucede com o docente privado, o art. 40, § 5º, da Lei Maior dispôs que os "requisitos de idade e de tempo de contribuição serão reduzidos em cinco anos, em relação ao disposto no § 1º, III, *a*, para o professor que comprove *exclusivamente* tempo de efetivo exercício das funções de magistério na educação infantil e no ensino fundamental e médio" (grifo nosso).

Regra de transição

Conforme o § 4º do art. 2º da EC n. 41/2003: "O professor, servidor da União, dos Estados, do Distrito Federal e dos Municípios, incluídas suas autarquias e fundações, que, até a data de publicação da Emenda Constitucional n. 20, de 15 de dezembro de 1998, tenha ingressado, regularmente, em cargo efetivo de magistério e que opte por aposentar-se na forma do disposto no *caput*, terá o tempo de serviço exercido até a publicação daquela Emenda contado com o acréscimo de dezessete por cento, se homem, e de vinte por cento, se mulher, desde que se aposente, exclusivamente, com tempo de efetivo exercício nas funções de magistério, observado o disposto no § 1º".

Dizia o art. 128 da IN n. 118/2005: "O professor, inclusive o universitário, que não implementou as condições para a aposentadoria por tempo de serviço de professor até 16 de dezembro de 1998, poderá ter contado o tempo de atividade de magistério como exercido até a data constante deste artigo, com o acréscimo de 17% (dezessete por cento), se homem, e de vinte por cento, se mulher, se optar por aposentadoria por tempo de contribuição, independentemente de idade e do período adicional referido na alínea c do inciso II do art. 109 desta IN, desde que cumpridos 35 (trinta e cinco) anos de contribuição, se homem, e trinta anos, se mulher, exclusivamente em funções de magistério" (revogada pela IN INSS/PR n. 11/2006).

Esse percentual de 17% é fácil de ser explicado: 30 x 1,17 = 35 anos (homem) e 25 x 1,20 = 30 anos (mulher).

Contagem recíproca

O tempo de serviço do professor presta-se para a contagem recíproca de tempo de serviço nos dois sentidos — iniciativa privada/serviço público ou serviço público/iniciativa privada — convertendo-se o do RGPS até 30.6.1981, somando-se o tempo de magistério em escola pública ou privada, desde que relativa a trabalho em sala de aula, com giz na mão.

IN n. 118/2005

Como referência para o estudo da situação do professor público, convém relembrar as disposições do RGPS. Em seu art. 130, a IN n. 118/2005, resumia a situação do professor, afirmando certas situações de cômputo do tempo de serviço.

I — Direito adquirido até 5.3.1997:

a) períodos de atividades exercitadas até 5.3.1997, desde que em estabelecimento de ensino de 1º e 2º grau ou de ensino superior, bem como em curso de formação profissional, autorizados ou reconhecidos pelos órgãos competentes do Poder Executivo Federal, Estadual, do Distrito Federal ou Municipal, da seguinte forma:

1 — como docentes, a qualquer título, ou

2 — em funções de administração, planejamento, orientação, supervisão ou outras específicas dos demais especialistas em educação;

b) de atividade de professor, desenvolvidas nas universidades e nos estabelecimentos isolados de ensino superior, da seguinte forma:

1 — pertinentes ao sistema indissociável de ensino e pesquisa, em nível de graduação o mais elevado, para fins de transmissão e ampliação do saber, ou

2 — inerentes à administração.

II — Direito adquirido de 6.3.1997 a 15.12.1998:

a) de atividade docente, a qualquer título, exercida pelo professor em estabelecimento de ensino de 1º e 2º grau ou de ensino superior, bem como em cursos e formação profissional, autorizados ou reconhecidos pelos órgãos competentes do Poder Executivo Federal, Estadual, Distrito Federal ou Municipal ou

b) de atividade de professor, desenvolvida nas universidades e nos estabelecimentos de ensino superior, pertinentes ao sistema indissociável de ensino e pesquisa, em nível de graduação ou mais elevado, para fins de transmissão e ampliação do saber.

III — Direito adquirido a partir de 16.12.1998:

Atividade de professor no exercício das funções de magistério na educação infantil e no ensino fundamental e médio.

No dia 10.5.2006 foi sancionado o Projeto de Lei n. 127/2005, de autoria da deputada Neyde Aparecida (PT-GO), que garantiu a aposentadoria excepcional aos membros do suporte pedagógico em exercício nas escolas de educação básica, quando alterou o art. 67, da Lei n. 9.394/1996, que diz: "Para os efeitos do disposto no § 5º do art. 40 e no § 8º do art. 201 da Constituição Federal, são consideradas funções de magistério as exercidas por professores e especialistas em educação no desempenho de atividades educativas, quando exercidas em estabelecimento de educação básica em seus diversos níveis e modalidades, incluídas, além do exercício da docência, as de direção de unidade escolar e as de coordenação e assessoramento pedagógico" (NR).

VOLTA AO TRABALHO Capítulo 41

Depois do deferimento da aposentadoria especial, cogita-se da volta ao trabalho do servidor. Embora a figura do retorno ao trabalho não seja tão comum no Direito Administrativo quanto no Direito do Trabalho, algumas questões se apresentam.

O tema está jungido à acumulação de funções e benefícios e não pode ignorar o disposto no art. 37, XI, da Carta Magna.

Hipóteses possíveis

No campo da especulação, são possíveis as seguintes voltas ao trabalho: a) reversão; b) volta no mesmo órgão público e na mesma atividade especial, ou na comum em outro órgão público e, igualmente, também, na atividade especial ou comum; c) volta ao trabalho na iniciativa privada em função especial ou comum.

Em todos os casos, cogita-se, também, de vir a ser estatutário ou celetista.

Reversão ao serviço público

Na hipótese de sobrevir a reversão do servidor percipiente da aposentadoria especial, em princípio, ele não pode voltar ao trabalho na função em que jubilou.

Mesmo órgão público

De regra, lembradas as figuras do art. 37, XI, da Lei Maior, não é comum voltar ao trabalho no mesmo órgão público, embora não seja impossível.

Suponha-se um médico aposentado que seja aprovado com concurso público para professor. Devido à sua idade, como raramente conseguirá preencher os requisitos legais da aposentadoria como professor, aos 60 anos (mulher) ou 65 anos (homens), fará jus à aposentadoria por idade.

A hipótese de ser em outro órgão público não altera substancialmente a questão, uma vez que o serviço público deve ser considerado uno.

Não haveria impedimento se o retorno ao trabalho se desse em atividade comum.

Iniciativa privada

Debaixo do regime celetista, não há qualquer dificuldade para esse servidor percipiente de aposentadoria especial retornar ao trabalho na iniciativa privada, inclusive em empresa pública em função comum. Ele seria novamente filiado, contribuiria e faria jus a outro benefício.

Ausente norma de superdireito enfeixando o RPGS com os RPPSs, pode-se ampliar a regra do PBPS, vedar a volta ao trabalho em atividade especial não seria inadequado.

PARTICIPAÇÃO DA REPARTIÇÃO Capítulo 42

No âmbito da triangulação do RGPS (trabalhador, empregador e INSS), a partir de 1º.4.1999, foi introduzida uma contribuição patronal para custeio da aposentadoria especial de 6% (Lei n. 9.732/1998).

Como no caso do servidor, o "empregador" (repartição) e o "INSS" (RPPS) são pessoas jurídicas, pode-se pensar numa contribuição por parte do ente público para que o RPPS tenha condições de dar cobertura para o benefício.

A hipótese tem de ser considerada pelo legislador complementar, uma vez que, por ocasião da fixação dos 11%, como alíquota e contribuição profissional e parâmetro para a contribuição patronal, por parte do matemático, ele não levou em conta a aposentadoria especial.

O número de pretendentes a esse benefício no serviço público, em que operam mais de 5 milhões de pessoas, é volumoso e os RPPSs carecerão de aportes necessários para que o plano de benefício se mantenha equilibrado.

O responsável pelo ambiente inseguro é a repartição pública e ela tem de cuidar para que se torne seguro; enquanto isso não acontecer, é preciso pensar numa contribuição patronal que, a princípio, pode ser os mesmos 6% da Lei n. 9.732/1998 do RGPS, em todo o caso, consulado o atuário assistente.

Capítulo 43 — CONTRIBUIÇÃO DOS INATIVOS

A contribuição dos aposentados e pensionistas é matéria que demanda dissidências, dúvidas e algumas incongruências na previdência social básica e complementar.

Pondo em dúvida a equidade, segundo a Constituição Federal de 1988, os aposentados ou pensionistas do INSS não sofrem redução nos seus benefícios (se não voltarem ao trabalho).

Um aposentado do INSS que retorna ao serviço é obrigado ao desconto e suas contribuições não geram benefícios de pagamento continuado (apenas salário-família e reabilitação profissional).

Fora da hipótese da desaposentação, esses aportes mensais compulsórios não melhoram a aposentadoria que vem sendo mantida.

Mas os servidores públicos aposentados sujeitam-se a um desconto de 11% dos proventos.

Após completarem os requisitos legais durante o período da atividade, deixam de contribuir com essa alíquota e, uma vez aposentados, então com 100% dos vencimentos, passam a contribuir!

A maior parte dos servidores aposentados autorizados a voltar ao labor terá de fazê-lo sob o regime celetista, sujeitos à CLT, e, então, contribuirão novamente, porém, com direito a um segundo benefício, agora deferido pelo INSS.

Ficará com duas prestações regulares; provavelmente, a segunda será uma aposentadoria por idade.

Logo, é perceptível que a universalidade da previdência social, um dos objetivos constitucionais da seguridade social, ainda não foi alcançado. Tal fato e as conclusões que daí provêm geram dificuldades interpretativas.

Contribuição de aposentados é um equívoco; a finalidade dos aportes mensais é o benefício e este já existe. Pode-se pensar em alocar esses recursos para o próprio sistema sob a alegação de que o regime financeiro é de repartição simples e, também, que a contribuição imposta diminui a disposição das empresas de contratarem aposentados em detrimento dos ativos.

Não é adequado a um sistema de previdência social os aposentados voltarem ao trabalho, ainda que o *quantum* dos benefícios não reflita a remuneração do trabalhador, e eles precisarem recolher o INSS.

Parece correto que as cotizações devam reforçar o montante do benefício até chegar àquele líquido (remuneração bruta menos o desconto que todos sofrem) e, então, não ser permitido o retorno ao trabalho.

Ou seja, tais contribuições, quando exigidas, têm de ter uma contrapartida em favor do indivíduo aposentado.

No que diz respeito aos pensionistas, o absurdo de sua contribuição é ainda maior; os pagamentos do falecido fomentaram a pensão por morte e essa contribuição não a melhora.

Outra solução, que nós defendemos desde 1987, é a desaposentação, ou seja, a renúncia às mensalidades do benefício mantido e a concessão de um novo benefício, recalculado com base na lei vigente e nas contribuições vertidas após a desaposentação, com ou sem restituição do recebido, conforme o caso.

No que diz respeito à previdência complementar, a contribuição dos participantes assistidos e seus dependentes é institucional e histórica. Não fora o fato de os matemáticos incluírem tal contribuição na fixação da reserva matemática e não haveria motivo para tal exigência.

Capítulo 44   **ADICIONAIS TRABALHISTAS**

A remuneração dos trabalhadores da iniciativa privada designa de adicionais trabalhistas a certos valores pagos aos empregados em decorrência de determinadas situações. É o caso do adicional noturno, da periculosidade, da insalubridade, etc.

No serviço público também existem esses acréscimos aos vencimentos dos servidores ativos.

Razões da existência

No comum dos casos, tais aduções salariais se devem às condições laborais, como são a insalubridade, a penosidade e a periculosidade, concepções bastante próximas de um ambiente que justifica a aposentadoria especial.

Dedução possível

Não se deve imaginar que o simples pagamento de tais parcelas, na iniciativa privada ou no serviço público, exclua ou inclua a aposentadoria especial; não passam de conquistas políticas da classe e não representam reparação dos possíveis danos causados à saúde ou à integridade física do trabalhador ou do servidor.

Significado da percepção

Elas são reveladoras da inospitalidade ambiental, mas não presumem determinantes da aposentadoria especial; o servidor tem de provar a insegurança do local de trabalho.

No RGPS, é comum o empregado julgar que, recebendo um adicional trabalhista, automaticamente tem direito à aposentadoria especial, o que não é verdade. Como também não é verdade que deferimento da aposentadoria especial determina o direito a tais adicionais.

Distinções necessárias

São cenários distintos do Direito do Trabalho e do Direito Previdenciário.

Início razoável

Mas, claro está, consistem em inícios razoáveis de prova material de que o ambiente é, no mínimo, insalubre e, no máximo, perigoso.

De que, em face do ambiente descrito e das condições laborais — não importando o nível de tolerância ou a real e efetiva utilização da tecnologia de proteção — em cada caso, afinal, o servidor correu o risco de ter a sua saúde ou integridade física ameaçada pela ação deletéria dos agentes nocivos, ou não.

Até mesmo, faltante definição jurídica, não ser possível concluir nada.

É imperioso deixar claro, no caso de ruído, se o nível aferido na orelha do segurado, em face do protetor auricular, esteve ou não abaixo do limite de tolerância. E, também, como ele obteve as informações apreendidas durante os 25 anos passados.

Capítulo 45   **NORMAS REGULAMENTADORAS**

De regra, as Normas Regulamentadoras do Trabalho (NR) da Lei n. 6.514/1977 foram concebidas pensando-se no trabalhador da iniciativa privada, principalmente no empregado regido pela CLT.

Todavia, as concepções técnicas ali presentes, por sua natureza, propriedade e validade, estendem-se a todo o universo laboral.

Quando cooperados, autônomos, estagiários, menores aprendizes, domésticos e outras pessoas não subordinadas à CLT estiverem operando profissionalmente em ambientes de trabalho, e, até mesmo, fora desse conceito (trabalho voluntário), ficam sujeitos aos mesmos riscos dos empregados. O empresário, principalmente proprietário de pequenas empresas, assume os riscos da atividade laboral.

Nessas condições, muitas vezes trabalhando ombro a ombro com celetistas protegidos pela Portaria MTPS n. 3.214/1978, os servidores estatutários devem ser abrigados por essas normas. Fato bastante comum nos hospitais públicos, onde trabalham profissionais da saúde celetistas e estatutários.

A partir da Norma Operacional de Saúde do Servidor (NOSS) (Portaria Normativa MPOG n. 3/2010, in DOU de 18.8.2010), de 7.5.2010, essa atenção à saúde e à integridade do servidor tem suas próprias regras de proteção.

Esse regulamento, aliás, bastante singelo, diz: "Na ausência de regulamentação legal destinada aos servidores públicos, deve-se buscar referências em normas nacionais," (supõe-se que sejam as NRs) "internacionais e informações científicas atualizadas" (art. 12).

DECISÕES JUDICIAIS
Capítulo 46

Como não poderia deixar de ser, o Poder Judiciário Federal apreciou a aposentadoria especial do RGPS em muitíssimas particularidades, convindo lembrar algumas. As principais questões dizem respeito à prova das condições ambientais e não quanto à natureza do benefício. Elas se referem aos trabalhadores, mas podem ilustrar o conhecimento da matéria.

O tema é tão intrigante que suscitou várias súmulas do Juizado Especial, dos Tribunais Regionais Federais e da TNU.

Obreiros operacionais

O tempo de trabalhador braçal enquadrado pelo Serviço de Segurança e Medicina do Trabalho (SSMT) é acolhido (acórdão CRPS/GTU n. 1/1983, Proc. INPS n. 14/1979, in RPS n. 56/431). Da mesma forma, acontecendo com o do encanador (acórdão CRPS/GTU n. 347/1984, BI n. 72.449.279/1980, in RPS n. 43/499).

O do operador de processamento em refinaria de petróleo (acórdão CRPS/GTU n. 489/85, Proc. INPS n. 3.566/1983, in RPS n. 62/59) e o do emendador (acórdão CRPS/GTU n. 386/1984, Proc. INPS n. 6.701/1981, in RPS n. 43/501) são válidos.

Um operário ocupado com ar comprimido em fundações em local insalubre (acórdão n. 105.555/SP, da 2ª Turma do TFR, de 15.4.1986, Proc. n. 7237430, in RPS n. 69/476) faz jus ao benefício.

Entretanto, o cortador gráfico não tem direito (acórdão n. 117.739/PE, da 2ª Turma do TFR, de 28.11.1986, Proc. n. 7961510, in RPS n. 78/294).

O condutor de fabricação e dispersão prático também não tem esse direito (acórdão CRPS/GTU n. 567/1984, Proc. INPS n. 2.182/1982, in RPS n. 46/784).

Não persistindo a insalubridade alegada, mas comprovada através de laudo pericial da justiça, é possível exigir-se o benefício (acórdão n. 72.301/SP, da 3ª Turma do TFR, Proc. n. 3298842, in RPS n. 55/359).

A auxiliar de enfermagem faz jus à proteção especial (RESP n. 668.136/RN, in DJU de 27.4.2005), também a telefonista (AI n. 690.839/PR, in DJU de 17.8.2005).

O motorista de ônibus e de caminhão (RESP n. 624.519/RS, in DJU de 10.10.2005) também.

Utilização de EPI

A existência de equipamento de proteção individual não elide o direito (acórdão CRPS/GTU n. 896/1984, Proc. INPS n. 26.590/1983, in RPS n. 48/911).

Súmula TNU n. 9 diz: "O uso de Equipamento de Proteção Individual (EPI), ainda que elimine a insalubridade, no caso de exposição a ruído, não descaracteriza o tempo de serviço especial prestado".

Carteiras do IAPETC

As carteiras de contribuições do ex-IAPETC constituem prova cabal da condição de motorista de caminhão (acórdão CRPS/GTU n. 568/1984, Proc. INPS n. 24.039/1982, in RPS n. 46/785).

Conversão de tempo especial

É possível a conversão da aposentadoria por tempo de serviço comum em especial (acórdão n. 94.585/SP, da 1ª Turma do TFR, de 10.9.1985, Proc. n. 6132529, in RPS ns. 64/155, 71/624 e 84/658).

Esta conversão também pode acontecer no tocante a benefícios concedidos antes do advento da Lei n. 6.887/1980 (acórdão n. 97.796/SP, da 2ª Turma do TFR, de 19.3.1985, Proc. n. 6174507, in RPS ns. 57/485, 62/44, 60/674 e 75/102).

Transformação de benefício

A aposentadoria por invalidez pode ser transformada em especial (acórdão CRPS/GTU n. 286/1985, Proc. INPS n. 6.321/1983, in RPS n. 51/499).

Afastamento do trabalho

De regra, para a fixação do início do benefício, exige-se o afastamento do trabalho (acórdão AMS n. 111.412/RS, da 3ª Turma do TFR, de 24.2.1987, Proc. n. 6866905, in RPS n. 81/469).

Entretanto, o começo pode dar-se quando o segurado requisitou-o e, se mesmo rejeitado o pedido na ocasião, fora mais tarde concedido (acórdão n. 107.312/SP, da 1ª Turma do TFR, de 14.3.1986, Proc. n. 5592313, in RPS ns. 67/353 e 52/246).

Quantum do valor

O salário de benefício do auxílio-doença é considerado no período básico de cálculo da aposentadoria especial (acórdão CRPS/GTU n. 490/1984, Proc. INPS n. 30.577/1983, in RPS n. 61/853).

Indício de fraude

Se há indício de fraude ou fraude comprovada, não se concede a prestação (acórdão CRPS/GTU n. 1/1985, Proc. INPS n. 6.561/1983, in RPS n. 54/308).

Contagem recíproca

É possível emitir certidão de tempo de serviço convertido para fins da contagem recíproca de tempo de serviço (acórdão de 4.11.1999 na Apelação em MS n. 66.213/PB — Proc. 1999.05.11742-5, em que foi relator o Juiz *Ubaldo Ataíde Cavalcante*, in RPS n. 233/397).

Níveis de ruído

O ruído acima de 80 decibéis gera o direito (RESP n. 653.224/MG, in DJU de 24.8.2005) e também aquele além de 90 decibéis (RESP n. 742.268/MG, in DJU de 7.10.2005), podendo ser combinados com os agentes químicos (AI n. 690.839/PR, in DJU de 17.8.2005) e sendo considerável a sua presença do ruído no ambiente (RESP n. 779.618/RS, in DJU de 11.10.2005).

Consoante a Súmula TNU n. 32: "O tempo de trabalho laborado com exposição a ruído é considerado especial, para fins de conversão em comum, nos seguintes níveis: superior a 80 decibéis, na vigência do Decreto n. 53.831/64 (1.1.6); superior a 90 decibéis, a partir de 5 de março de 1997, na vigência do Decreto n. 2.172/97; superior a 85 decibéis, a partir da edição do Decreto n. 4.882, de 18 de novembro de 2003".

Decreto n. 53.831/1964

Deve ser respeitado o direito de categoria (AI n. 626.391/RJ in DJU de 25.05.2005) especialmente para o engenheiro (RESP n. 517.663/SE, in DJU de 26.4.2005).

Idade mínima

A Súmula TFR da 1ª Região n. 33 pontua: "Aposentadoria especial decorrente do exercício de atividade perigosa, insalubre ou penosa não exige idade mínima do segurado".

Tecnologia de proteção

Para o Enunciado CRPS n. 21: "O simples fornecimento de equipamento de proteção individual de trabalho pelo empregador não exclui a hipótese de exposição do trabalhador aos agentes nocivos à saúde, devendo ser considerado todo o ambiente de trabalho".

Equiparação ao guarda

A Súmula TNU n. 26 reza: "A atividade de vigilante enquadra-se como especial, equiparando-se à de guarda, elencada no item 2.5.7 do Anexo III do Decreto n. 53.831/64".

Conversão de tempo especial

Conforme a Súmula TNU n. 16: "A conversão em tempo de serviço comum, de período trabalhado em condições especiais, somente é possível relativamente à atividade exercida até 28 de maio de 1998 (art. 28 da Lei n. 9.711/98)".

Presunção do direito

De longa data, a Formulação IAPAS n. 37.b ditava: "O simples fato de a caracterização da condição insalubre em determinada atividade não pode assegurar ao trabalhador o benefício da aposentadoria especial, que se trata de vantagem deferida quando do trabalho se origina dos desgastes das condições orgânicas, sem possibilidade de recuperação".

Categorias profissionais

A Súmula Turma Recursal de Santa Catarina n. 4 assevera: "O enquadramento do tempo de atividade especial por categoria profissional prevalece somente até 28.4.1995 (Lei n. 9.032/1995)".

Exigência de laudo técnico

Súmula da Turma Recursal de Santa Catarina n. 5 garante: "Exige-se laudo técnico para comprovação da efetiva sujeição do segurado a agentes agressivos somente em relação à atividade prestada a partir de 06.3.1997 (Decreto n. 2.172/97), exceto quanto ao ruído, para o qual é imprescindível aquela prova também no período anterior".

Competência do MPE

Veja-se a Súmula STF n. 194: "É competente o Ministro do Trabalho para a especificação das atividades insalubres".

Diminuição da nocividade

O Enunciado TST n. 289 é enfático: "O simples fornecimento do aparelho de proteção pelo empregador não o exime do pagamento do adicional de insalubridade, cabendo-lhe tomar as medidas que conduzam à diminuição ou eliminação da nocividade, dentre as quais as relativas ao uso efetivo do equipamento pelo empregado".

Benefício por incapacidade

Para o Prejulgado MTPS n. 37, *d*: "É considerado tempo de trabalho, para os efeitos da aposentadoria especial, aquele em que o segurado tenha estado em gozo de auxílio-doença ou aposentadoria por invalidez, desde que concedidos esses benefícios como consequência do exercício de atividades consideradas penosas, insalubres ou perigosas".

Menor de idade

Por último, o Prejulgado MTPS n. 37, *a*: "Será computado, para efeito de aposentadoria especial, o tempo de serviço prestado por menor de 18 anos, em atividade insalubre, penosa ou perigosa, desde que efetivamente comprovado. A proibição contida no art. 405 da CLT é de ordem pública, tem por fim proteger o menor e não pode ser invocada contra os seus interesses".

Capítulo 47   **DIREITO PROCEDIMENTAL**

Diante de uma negativa de um RPPS conceder a aposentadoria especial ou não reconhecer como especial determinado período e, até mesmo, indeferindo qualquer pretensão relacionada com esse benefício, comunicado oficialmente o servidor, não se conformando com o conteúdo dessa decisão, nos termos do art. 5º, LV, da CF, querendo, cabe-lhe recorrer administrativamente, visando impugnar esse entendimento.

Na esfera administrativa, os princípios procedimentais a serem consultados são os da Lei n. 9.784/1999. Lembrando-se que, *in casu*, o impulsionador desses autos é o RPPS, o que leva o aplicador das normas ao Decreto n. 4.942/2003 (previdência complementar).

Está assente no Direito Previdenciário que o poder de encaminhar o procedimento intramuros no serviço público segue os postulados do poder de contestação, em particular, o do devido processo legal.

O CPC é fonte formal considerável para o desfazimento de dúvidas. Boa parte dos seus mandamentos vale para o expediente burocrático das repartições da previdência básica, da pública e da complementar.

Em virtude da intempestividade, não cabendo o protocolo da inconformidade, o recorrente terá de ser cientificado desse fato em especial e de que os autos do processo estarão à sua disposição para serem retirados ou ficarem sobrestados.

A IN INSS n. 45/2010 traz normas administrativas recursais que convém consultar.

Andamento dos autos

Reportando-se ao encaminhamento dos expedientes administrativos, as dicções normativas pressupõem que o requerimento do servidor ou do beneficiário foi protocolado. O RPPS é obrigado a receber a reclamação, ainda que, *ab initio*, vislumbre a inexistência da pretensão.

Modernamente, o adequado é acolher um recurso com falhas formais, sobrevindo exigência de regularização em certo tempo.

Emitente dos recursos

As normas que tratam da matéria dizem respeito aos servidores filiados ao RPPS, sempre relacionados com a previdência social. Se o objetivo do interessado não disser respeito aos benefícios, os autos terão outro trâmite. O titular ou beneficiário de fato e quem se julgar com direito, pode ingressar com um pedido de manifestação.

Sujeito passivo

Dependendo do conteúdo da pretensão, será diferente o sujeito passivo da ação administrativa. Quanto ao fornecimento de documentos, provas da atividade especial, são atribuições da repartição pública.

Tudo o que disser respeito aos benefícios, tem relação com o RPPS.

Destinatário do pedido

Diante de uma decisão do RPPS, o recurso deve ser dirigido ao emissor da comunicação competente em razão da matéria e do local.

Competência jurisdicional

O RPPS somente está obrigado a se manifestar sobre matéria de previdência social e, no caso, quanto à aposentadoria especial.

Tempestividade do recurso

As inconformidades devem observar o prazo para recurso, geralmente, de 30 dias. Em se tratando de pedido de revisão de cálculo de benefício, o prazo costumeiro é de dez anos.

Arguição de preliminares

Quando cabível, é aconselhável o levantamento de preliminares, articuladas antes do exame do mérito. Na ocasião, o interessado poderá protestar para a juntada *a posteriori* de memoriais. Tem cabimento, nessa oportunidade, um pedido de defesa oral.

Garantia de instância

Desde que sobreveio a decisão do STF, não há mais necessidade de depósito prévio para garantia do andamento do recurso.

Ingresso no judiciário

No âmbito do RGPS, dizia o Prejulgado MTPS n. 80.*b* que: "Não cabe apreciar-se, na via administrativa, a matéria pendente de decisão judicial".

Transitada administrativamente em julgado a última decisão da Administração Pública, restará ao servidor buscar o Poder Judiciário Federal.

Conteúdo básico

O conteúdo básico de um requerimento, nesse sentido, compõe-se de vários itens articulados:

a) identificação do servidor (mencionando-se sua matrícula no SIAPE);

b) referência ao órgão de lotação;

c) cargo ocupado e função exercida;

d) antecedentes históricos da prestação de serviços no órgão público;

e) conteúdo da decisão recorrida;

f) fundamento legal das alegações;

g) doutrina e jurisprudência pertinentes;

h) arrolamento de provas materiais, testemunhais ou periciais;

i) solicitação de diligências *in loco*;

j) pedido final;

k) data; e

l) assinatura do responsável.

LEVANTAMENTO AMBIENTAL   Capítulo 48

Para tornar possível a elaboração hodierna do PPP e do LTCAT em relação a períodos de trabalho pretéritos, durante os quais a repartição não elaborou os registros legais ou os extraviou, carece municiar os atuais médicos do trabalho e engenheiros de segurança com informações históricas sequenciais do cenário laboral, a fim de se comprovar a exposição dos trabalhadores aos agentes físicos, químicos ou biológicos.

Isso permite a reconstrução do *habitat* laboral a partir de fatos documentados, relatados ou refeitos, integrantes de declarações atuais, capazes de persuadirem o RPPS da presença ou não dos riscos nocivos, acima ou aquém dos limites de segurança, em caráter habitual e permanente, isto é, não ocasional nem intermitente.

Esse levantamento é um dossiê formal, de uso exclusivo, e cada repartição o empreende e o armazena para posterior verificação.

Primeiras providências

Descreva minuciosamente o estabelecimento original e confronte-o com o atual, situando as edificações e os seus subsolos, aduzindo a altura e a profundidade dos edifícios.

Destaque as áreas livres, detalhando a extensão e a natureza dos seus espaços, se gramados, arborizados ou pavimentados.

Anexe desenhos, originais ou reproduzidos, as plantas baixas ou *croquis* aprovados pela Prefeitura Municipal.

Posicione geograficamente o ambiente de trabalho, em função do nascer e pôr-do-sol e da direção geral dos ventos.

Simule uma rosa dos ventos, assinalando de onde normalmente vêm as chuvas.

Apure o índice pluviométrico da região e em quais meses chove mais, ou menos.

Obtenha a temperatura média histórica do ambiente nas entidades oficiais, com as épocas de maior calor e frio mais intenso.

Pormenorize as transformações urbanas havidas no *layout* externo dos edifícios.

Mensure a distância entre as alas operacionais e as administrativas.

Junte fotografias internas e externas do meio ambiente.

Reconstrução histórica

Determine, precisamente, quando foram levantadas as edificações, como eram as fundações, quanto tempo duraram as obras e a data do encerramento, bem como o nome da construtora.

Situe, descritivamente, as ampliações ocorridas, tratando-as como se fossem construções novas e esclarecendo os materiais aplicados.

Informe as várias causas determinantes dessa reforma, sua extensão e o novo acabamento introduzido.

Aduza elementos, a partir dos prédios construídos, área interna, altura do pé direito, meios de ventilação natural, número de portas e janelas, tipo de impermeabilizações do revestimento (massa grossa ou fina).

Relate o piso (se madeira, cimentado, lajota, pedra, cerâmica) e a forma do teto (laje, forro de madeira, estuque, estrutura metálica, etc.).

Esclareça qual o tipo de telha (amianto, barro cozido, zinco, folha de flandres, etc.) que foi colocado no telhado e a existência de para-raios.

Verifique a pintura adotada: se cal, verniz, acrílico ou outro tipo de tinta, e a cobertura.

Narre a intensidade dos fatos, se o local sofre ou sofreu inundações e suas consequências.

Assinale as rotas de fuga e as medidas preventivas contra incêndios.

Resgate a notícia, se sucederam sinistros dessa natureza, fixando a data e fazendo o relato, informe o alcance e a causa; quantifique os danos e anexe o Boletim de Ocorrência do Corpo de Bombeiros.

Ambiente de trabalho

Pontifique cada um dos ambientes de trabalho dos servidores, separando administração, almoxarifado, arquivo morto, depósito, refeitório, espaço para repouso, vestiário, alojamento, setores de treinamento, etc.

Descubra o real padrão de higiene adotado e quais os materiais de limpeza frequentemente adquiridos.

Esmiúce as ocupações do espaço, mencionando a presença de instrumentos que interessem como determinantes da temperatura ambiental (existência de aparelhos de ar condicionado, condicionadores, ventiladores, climatizadores, etc.).

Evidencie a presença dos ventos, fumaças ou poeiras, poluentes, os tipos de insetos indesejáveis (pernilongos, abelhas, transmissores de doenças, ácaros, etc.).

Noticie o uso de todas as máquinas em funcionamento, suas reais características, isoladas ou combinadas.

Retrate as fontes sonoras ruidosas ou não, qual o ruído produzido, quando adquiridas, periodicamente, até a desativação.

Forneça o nível e a variação de frio ou calor existente na área onde são guardados produtos, materiais ou mercadorias e onde são realizadas as tarefas.

Mantenha contato com as repartições assemelhadas e busque informações atualizadas sobre as principais doenças ocupacionais, experiências de risco, índices de sinistralidade, etc.

Consulte a literatura especializada em medicina do trabalho e engenharia de segurança sobre a atividade da empresa.

Escrituração contábil

Compulse os registros das compras, para saber da aquisição de materiais protetivos ou não.

Examine a natureza da entrada de medicamentos para o ambulatório médico.

Busque comprovantes de caixa relativos às compras e vendas de objetos que digam respeito às doenças ocupacionais.

Arrole, período por período de trabalho, os nomes dos médicos do trabalho e dos engenheiros de segurança para ouvi-los em depoimento.

Colha a opinião, por escrito, dos atuais encarregados da prevenção acidentária, dando alguma preferência aos mais antigos no cargo.

Realize a tabulação relativa a higidez dos servidores, ou seja, daqueles que não entraram em licença médica e nem solicitaram benefícios por incapacidade.

Folheie os Livros de Atas das reuniões da repartição para lograr novas informações.

Localize no Livro de Posse informações úteis à pesquisa.

Encontre no Livro de Inspeção do Trabalho a existência de autuações por descumprimento das normas trabalhistas, se interessarem à pesquisa.

Avalie qualquer outro dado contábil histórico que possa vir a ser proveitoso ao levantamento.

Documentos emitidos

Inventarie todos os laudos técnicos emitidos em relação ao meio ambiente (constantes de áreas públicas, em face de indenizações).

Inspecione cada um dos processos de acidentes ocorridos, examinando-os em seu conteúdo, causa do acidente, consequências e responsabilidades.

Consiga as correspondências internas ou externas relacionadas com as doenças ocupacionais.

Vasculhe, um por um, os cadastros médicos dos servidores, desde o exame por ocasião da posse, com especial atenção para as variações localizadas.

Providencie as cópias das declarações firmadas pelos médicos do trabalho ou engenheiros de segurança entregues aos servidores e analise as recomendações ali descritas.

Perscrute todos os acidentes do trabalho ocorridos na sede da empresa e os *in itinere*.

Benefícios previdenciários

Armazene os dados sobre as licenças médicas ou as aposentadorias por invalidez deferidos sob as alegações de incapacidades ocupacionais, quer sejam acidentárias ou não.

Levante o perfil humano do servidor, informando a sua idade média, escolaridade, ocupações, higidez, horário de trabalho (turnos), etc.

Investigue as causas e as frequências das enfermidades informadas, situando as principais áreas de risco.

Confronte os motivos deflagradores não ocupacionais, as concausas e os outros fatores determinantes.

Totalize, estatisticamente, as faltas ao serviço por servidor e por qual motivo, esclarecendo a duração da licença e área de onde provém o servidor.

Estude as aposentadorias especiais concedidas ou as aposentadorias por tempo de contribuição com conversão de tempo de serviço.

Analise as indeferidas para saber qual o fundamento apresentado pelo RPPS.

Constate a efetiva ocorrência dos sinistros, definindo ou não a responsabilidade objetiva do Estado.

Reúna os processos administrativos e os judiciais relativos à solicitação de adicionais trabalhistas.

Veja o arrazoado apresentado pelos segurados nos recursos contra decisões do RPPS.

Técnicas de proteção

Sopese, de modo particular, os instrumentos de prevenção e de proteção ao servidor e se eles produziram resultados.

Determine desde quando cada um deles foi implantado, no caso dos EPI, quando entregues, se havia adestramento e fiscalização.

Enumere os elementos sobre as técnicas gerais de treinamento para enfrentar as emergências.

Considere os EPI fornecidos, data de sua aquisição, recibo da entrega, higienização, validade, real utilização, etc.

Enfoque, os EPR, seu uso, sua destreza e fiscalização.

Contabilize a presença de todos os EPC existentes, com a data de instalações e modernização.

Configure a qualidade técnica desses instrumentais, juntando prospectos dos fabricantes e atestados de qualidade.

Aprofunde em que condições pessoais as funções foram realizadas, partindo do cargo exercido pelo servidor.

Coteje os resultados da dosimetria e da audiometria realizadas em cada setor.

Informações objetivas

Convoque os atuais servidores para, espontaneamente, deporem sobre o cenário laboral.

Entreviste os ex-servidores com igual finalidade e tome os depoimentos por escrito.

Promova uma acareação entre eles para apurar a verdade histórica em relação às atividades subsistentes.

Ouça com atenção o médico do trabalho a respeito do obreiro e do ambiente laboral, especialmente no tocante às causas alegadas de incapacidade.

Considere as conclusões do engenheiro de segurança sobre a observância das técnicas de proteção.

Converse com os diretores de cada setor departamental, obtendo relatórios circunstanciados.

Apense fotos ou gravações em que apareçam os empregados no ambiente de trabalho.

Perquira o que pensam o enfermeiro, o auxiliar de enfermagem e o técnico de segurança do trabalho.

Pondere as declarações de terceiros em justificações administrativas ou em juízo.

Aproveite as notícias ou as informações de jornais, de periódicos internos, relatórios ou qualquer texto (prospectos) referente à matéria.

Ações judiciais

Leia o relatório das petições iniciais e das contestações contidas em reclamações, em particular, as que visem à higiene, medicina e segurança do trabalho.

Interprete os laudos técnicos periciais ou documentos equivalentes oferecidos pela empresa.

Abebere-se no texto descritivo, técnica empregada e conclusões da perícia promovida por terceiros.

Medite sobre as fundamentações dos recursos e contrarrazões arrolados pelos diversos trabalhadores, à Administração Pública.

Pesquise as jurisprudências laboral, civil, infortunística e previdenciária para poder concluir sobre a incidência das principais causas.

Reflita sobre o conteúdo do laudo de embargo de alguma área.

Localize os relatórios da perícia jurídica efetuada por terceiros.

Confira, uma a uma, as sentenças ou os acórdãos do Poder Judiciário em processos intentados contra o empregador.

Presença de terceiros

Relacione a razão social das fornecedoras de mão de obra contratadas.

Concentre-se no tipo de serviços por elas executados no estabelecimento da contratante.

Consigne os ambientes físicos ocupados pelos trabalhadores provenientes de terceiros.

Verifique os setores onde operaram autônomos que prestaram serviços nas áreas de risco.

Acesse a cópia dos contratos celebrados, especialmente aqueles que se refiram à atividade principal.

Registre os acidentes do trabalho ou doenças ocupacionais ocorridos com esses trabalhadores, pedidos de auxílio-doença, aposentadorias por invalidez e aposentadorias especiais.

Escute servidores, ex-servidores e aposentados dessas terceirizadas que possam aduzir a dados pertinentes ao mapeamento ambiental.

Aprofunde-se nos documentos emitidos pelas prestadoras de serviços em relação ao trabalho executado na sede da empresa.

Extraia conclusões da troca de correspondência com os fornecedores de mão de obra (empresas de trabalho temporário, cooperativas de trabalho e das pessoas jurídicas).

Capítulo 49 — PENSÃO POR MORTE

Falecendo um servidor que auferia a aposentadoria especial, os seus dependentes farão jus à pensão por morte, benefício igual ao outorgado em decorrência do falecimento de percipiente de quaisquer outras aposentadorias do servidor público.

A matéria não guarda quaisquer dúvidas.

Prova *a posteriori*

Imagina-se agora, a situação dos dependentes do *de cujus* que se dão conta de que ele deveria ter requerido e recebido a aposentadoria especial e que, *in casu*, esse benefício propiciaria uma pensão por morte distinta.

Tais dependentes terão de onerar-se com as mesmas provas do titular, isto é, obter o PPP e o LTCAT (uma vez que, possivelmente, os demais requisitos da aposentadoria especial já tinham sido observados).

Evidentemente, da decisão concessora desse benefício, não sobrevirão diferenças de mensalidades por conta do *dormientus nun sucurri jus*, exceto se existirem menores de idade.

Entretanto, a viúva perceberá os atrasados desde a publicação no Diário Oficial e esses filhos menores de idade a contar da Data do Óbito, receberão as diferenças mensais correspondentes a inovação.

Prescrição do direito

O direito à pensão por morte é imprescritível e pode ser exercitado a destempo, prescrevendo eventuais mensalidades nos termos da lei.

Ausência e desaparecimento

São acolhidas as figuras da ausência e do desaparecimento.

Valor mensal

O montante do benefício é de 100% da aposentadoria especial que recebia, ou deveria ter recebido, observadas as regras do art. 40, § 7º, I/II, da Carta Magna.

A base de cálculo para aquele que faleceu em atividade é a sua remuneração e dos proventos para quem faleceu recebendo a aposentadoria especial.

Dependentes do falecido

São tidos como dependentes praticamente os mesmos do RGPS, especialmente os membros do grupo familiar (marido, mulher e filhos).

Tipos de uniões

Admitida uma união estável heterossexual ou homossexual.

Acumulação com aposentadoria

Até que a lei mude, é possível acumular a pensão por morte do *de cujus* com a aposentadoria especial do titular da pensão.

Capítulo 50

DANO MORAL

Um indeferimento do pedido de aposentadoria especial pelo RPPS, mais tarde reconhecido na Justiça Federal, pode ter produzido dano material e moral ao servidor, caso a negativa não se justificasse ou a instrução do requerimento foi viciada por uma alguma ilicitude praticada contra o titular.

Com certeza, a figura não será comum, até porque a prova da distinção entre o simples entendimento contrário do RPPS (que não é necessariamente uma ilicitude) e ato causador de prejuízo, não é fácil.

Fonte formal

Diz o art. 5º, V, da Constituição Federal de 1998: "é assegurado o direito de resposta, proporcional ao agravo, além da indenização por dano material, moral ou à imagem", em preceito inserido no Capítulo I. Dos Direitos e Deveres Individuais e Coletivos, abrindo o Título II — Dos Direitos e Garantias Fundamentais.

Além de fixar a responsabilidade de forma muito clara sobre a ação regressiva, diz o art. 37, § 6º, da Carta Magna que: "As pessoas jurídicas de direito público e as de direito privado prestadoras de serviços públicos responderão pelos danos que seus agentes, nesta qualidade, causarem a terceiros, assegurado o direito de regresso contra o responsável nos casos de dolo ou culpa".

O art. 186 do Código Civil pontua: "Aquele que, por ação ou omissão voluntária, negligência ou imprudência, violar direito e causar dano a outrem, ainda que exclusivamente moral, comete ato ilícito".

Conceito mínimo

Esse dano em si mesmo é prejuízo, isto é, afetação do ser humano. O dano moral agride a pessoa ou os seus bens, ainda no âmbito da individualidade, no que ela tem de mais relevante, a sua personalidade. Entendida no sentido de atributo jurídico do indivíduo, sem se referir ao seu organismo físico, cuja lesão ilegal conhece outros institutos técnicos individuais.

Primeiro: dano é o resultado de uma ofensa (humana ou não); em segundo lugar, uma diminuição dos bens de alguém que deixa de ganhar ou perde com ela e, por último, uma afirmação deletéria individual da vítima.

O universo moral do lesado inclui os seus bens materiais e o seu organismo, o comportamento ilícito pode reduzir sua riqueza humana, mas existem hipóteses em que o corpo fica a salvo e apenas os bens físicos são atingidos (também aí os morais) e, derradeiramente, tão somente, sua reputação pessoal é prejudicada, sem violência contra o organismo. Em todas essas circunstâncias sobrevém o dano.

Dano moral é o ato ilícito praticado pelo ser humano, em seu nome ou representando uma pessoa jurídica, consciente ou não, omissiva ou comissivamente, que, objetivamente, atinja a personalidade do sujeito passivo dessa ação, causando-lhe um constrangimento pessoal ou social, numa ofensa naturalmente mensurável, redução do seu patrimônio moral como cidadão, que possa ser oportuna e juridicamente reparável (*Dano Moral no Direito Previdenciário*. 2. ed. São Paulo: LTr, 2009. p. 28).

Não existe conceito legal de dano na órbita jurídica de modo geral e, muito menos, no referente à seguridade social. Assim, não há definição de dano moral previdenciário. Pode-se dizer que é o sucedido na relação de proteção social e nada mais. A vítima será a mesma de outras lesões, mas o autor é diferente e é preciso não esquecer o afã de quem busca a proteção social como um sonho a ser realizado, pretensamente apoiado no direito subjetivo. E, valendo repetir *ad nauseam*, jamais se esquecendo o cientista da disparidade de forças em jogo. Alguém necessitado contra alguém estabelecido.

Em termos de previdência social, variam as vítimas das ações deletérias da moral humana: são os beneficiários do RPPS. Podem ser os servidores, os seus dependentes e, em alguns casos, os parentes do titular da relação (não dependentes, tutores, curadores, etc.).

No outro polo da relação, os gestores administrativos das ações securitárias, em particular, os órgãos públicos e o RPPS. Num nível mais elevado, a figura chega ao Ministro de Estado e até ao Presidente da República. Qualquer entidade que cause prejuízo de ordem moral ou material dos protegidos.

Objetivos elementares

O instituto técnico do dano moral tem vários objetivos. O primeiro deles é reparar um eventual prejuízo causado à pessoa física ou jurídica. Uma tentativa, por vezes vã, de repor aquilo que se perdeu na esfera material e moral das relações humanas.

Um segundo escopo é tentar inibir ações deletérias contra a pessoa ou contra o Estado; uma espécie de certeza da punibilidade.

Socialmente, sua incidência informa ao governante a necessidade de melhorar os serviços, propiciar melhores condições de trabalho para os servidores.

Politicamente, demonstra que o Estado está inerte diante dos problemas, como é o caso da perícia médica na previdência social.

A intenção desse instituto técnico não é obter uma prestação securitária ou previdenciária, nem reparar a ausência do direito subjetivo a um benefício. Ainda que (nos casos de perda do processo de um benefício) a reparação deva se constituir na concessão desse benefício.

Distintiva vernacular

As expressões "dano moral" ou "processo de dano moral", atendendo à simplificação da linguagem, acabou conferindo um caráter de gênero que inclui o dano puramente moral, mas, também, o dano puramente material. De imediato, conclui-se que a constatação do primeiro é muito mais difícil que a do segundo tipo.

O dano material avulta a honra da pessoa física ou o patrimônio da pessoa jurídica; este último igualmente definido com o conjunto dos bens corpóreos e incorpóreos, isto é, propriedades imobiliárias, títulos comerciais, créditos e renome comercial que tem larga tradição no Direito Civil e Comercial. Tecnicamente, conhecem-se duas hipóteses: danos emergentes e lucros cessantes. Entre esses danos está a lesão corporal.

O dano moral diz respeito à personalidade da pessoa, entendido como sua dor íntima ou imagem pública. Com a significativa particularidade de ser cifrada à subjetividade e à objetividade, com isso, querendo-se dizer que o mesmo ato lesivo pode gerar reações diferentes, inesperados prejuízos nas vítimas e diferentes perdas.

Exclusão da responsabilidade

O prejuízo causado ao patrimônio material e à moral dessas pessoas, ainda que consumado, demonstrado ou presumido *per se*, não define o dever da indenização correspondente, seja reparação ou compensação por vários motivos objetivos ou subjetivos, a responsabilidade do agente não terá nascimento.

Não concede prestação estatal, quando entendido como ausente, o direito subjetivo do titular requerente é decisão do ente gestor que causa desconforto no solicitante, algum dano material e o moral não reparável. Ausente a ilicitude do ato que determina o direito à reposição da perda, não há falar em composição do conflito.

Os motivos que levam a exclusão da responsabilidade são variados: a) inimputabilidade do agente; b) ausência de nexo causal; c) força moral; d) estado de necessidade; e) exercício de dever legal, f) concorrência da vítima; g) falha de terceiros; h) ausência de alternativa; i) cláusula exclusória; e j) vontade viciada.

Pressupostos lógicos

A ação ordinária de dano moral tem requisitos lógicos, materiais e jurídicos, a serem esmiuçados individualmente em cada experiência vivida, numa operação racional objetiva e isenta que pinçará as hipóteses cabíveis e afastará aquelas tecnicamente sem procedência.

Não bastam sensações desagradáveis, inconformidades eventuais e certo subjetivismo próprio do ser humano; ele é instituto jurídico que existe decantação técnica. Gera emoção, mas submete-se às regras jurídicas substantivas e adjetivas.

Logicamente, condiciona-se a presença efetiva do prejuízo sofrido pelo sujeito passivo da ofensa, fato esse a ser identificado, qualificado e mensurado (para que se possa, ao final, fixar-se a propriedade, a modalidade e a quantia da reparação). Em razão das pessoas físicas, diante da subjetiva do cenário fático, aqui residem as maiores dificuldades para o aplicador da lei.

Juridicamente, *ab initio*, impõe à decantação da autoria (perquirindo-se o responsável), a ilicitude do procedimento, isto é, a caracterização da culpa (ato comissivo ou omissivo) e a ausência das causas excludentes da responsabilidade.

Materialmente, o convencimento do dano à vítima é demonstração que pressupõe imaginação, cuidados percucientes e constitucionais de quem se propuser a isso. Nesse sentido, difere da materialidade do dano patrimonial. Não raras vezes, e uma simples alegação, a ser sopesada pelo julgador no contexto das circunstâncias. Lembrando que a certeza institucional do direito à reparação moral estimula a compensação de dano moral inexistente por parte de alguns inescrupulosos.

Perquirida a compensação fora da materialidade das coisas, na esfera espiritual, emocional ou íntima, sediada, pois, a lesão em algo incorpóreo, em face da autoria, da culpabilidade e da responsabilidade, faz parte essencial do processo de apuração do ressarcimento da vítima a evidência do fato alegado.

As ofensas verbais, os comportamentos antissociais e o desrespeito costumam não deixar sinais tão claros, isto é, ficam sem os rastros próprios das humilhações covardes, até silenciosas, gestos próprios dos medíocres que operam às sombras, por sua relevância processual importa identificar, qualificar e aprofundar.

O ônus da prova é postulado processual, mas a sua ausência não inibirá outros procedimentos recomendados. O processo sem ela claudicará, entretanto, o expediente será impulsionado pelo julgador, que apreciará a postulação e a contestação.

Esse direito ao convencimento é amplo e absoluto. Exceto os meios ilegais, valem todas as demonstrações, inclusive gravações e fotografias não autorizadas.

Prevalecendo essa pretensão jurídica, o direito à persuasão subsistirá e também, é claro, o direito à contraprova. Tudo o que se disser quanto ao autor, valerá para o réu.

Um dos principais meios de persuasão é o documento, o depoimento testemunhal, a perícia judicial, a prova emprestada, a acareação pessoal e, até mesmo, a presunção do dano.

Quantificação do valor

Sentenciada a reparação patrimonial, a par da decantação do prejuízo subjetivo, o que mais suscita nesta área é a quantificação do montante do dano moral. Quase todos os autores indicam variados critérios, mas o profissional do Direito deduz a prestação jurisdicional, o representante do sujeito passivo da ação processual, o perito avaliador e, por último, o julgador, todos enfrentam enormes dificuldades.

Frequentemente, o magistrado fará comparações com outros casos, tabulará decisões de distintos profissionais e verificará a jurisprudência, mas restará com a ideia de que se postou aquele ou foi além do seu dever de mensurador da perda íntima humana. Isso faz parte da natureza onerosa dessa espinhosa tarefa.

Nossa jurisprudência repudia os exageros em relação ao dano moral nessas ações. O entendimento é o de que a indenização por dano moral não pode ser fato de enriquecimento e deve guardar uma proporcionalidade com a suposta (sic) calúnia, injúria ou difamação.

Quando vítima do processo deletério da inflação, a súmula está afirmando que o valor original da indenização deve ser atualizado monetariamente.

Danos material e moral

Quando a agressão ao ofendido foi tão ampla que alcançou os patrimônios material e moral da vítima, cogita-se de ser avaliada uma indenização que corresponda a esses dois direitos assegurados constitucionalmente.

Se um órgão da Administração Pública nega-se a deferir uma prestação devida, máxime quando declaradamente for alimentar, sobrevém prejuízo de ordem material que não é satisfeito com o pagamento dos atrasados e um prejuízo de ordem moral. Neste caso, cabem duas indenizações ou uma só, porém, desde que retrate as duas diminuições do patrimônio do beneficiário.

Capítulo 51 — APOSENTADORIA DO PARLAMENTAR

Os parlamentares não são servidores públicos, mas agentes políticos; têm e sempre tiveram um tratamento legislativo distinto em termos de cobertura da previdência social e assistência à saúde.

Comumente, o período do seu mandato somente será aproveitado por meio da contagem recíproca de tempo de serviço, uma vez que, raramente, eles conseguem manter-se nessa atividade política continuamente durante os 30 ou 35 anos necessários.

Para esse fim, tal lapso de tempo tem de ser considerado comum.

A Lei n. 9.506/1997 pôs fim ao RPPS dos parlamentares, extinguindo o Instituto de Previdência dos Congressistas (IPC) (Lei n. 4.284/1963), até então regido pela Lei n. 7.087/1982, criando um Plano de Seguridade Social dos Congressistas (PSSC) e responsabilizando o Poder Legislativo pela proteção social desses portadores de mandatos eletivos mediante esse RPPS particular.

O seu art. 2º não prevê a aposentadoria especial, possivelmente sopesando a natureza distinta do esforço parlamentar, que não é penoso, perigoso, nem insalubre no sentido atribuído pelo Direito do Trabalho.

Quando a lei vigente define o tempo de contribuição, ela admite o tempo de "serviço público, civil ou militar, e da atividade privada, rural e urbana" (art. 4º, I).

Ora, entre esses períodos, principalmente no serviço público e na iniciativa privada, um deles pode ter sido especial e, desde que seja convertido para o comum, será aproveitado para a aposentadoria por idade ou tempo de contribuição do art. 2º, II, *b* ("aos trinta e cinco anos de contribuição e sessenta anos de idade"). Como antecipado, a atividade parlamentar não é compatível com o trabalho insalubre. Em princípio, pois, não há espaço para a aposentadoria especial aos 25 anos de atividade legislativa.

Note-se que esse parlamentar, se não filiado ao PSSC, na condição de segurado obrigatório do RGPS (PCSS, art. 12, I, *j*), poderá preencher os requisitos legais dos arts. 57/58 do PBPS (conforme a Lei n. 10.887/2004) e, tendo em vista que a atividade parlamentar não é especial, poderá acumular o benefício com a remuneração legislativa. Muitos vereadores, antes de serem eleitos, trabalharam na iniciativa privada e pode ter feito jus a esse benefício.

Capítulo 52

SERVIDORES MILITARES

A situação previdenciária dos militares em si mesma é excepcional, para não dizer específica ou especial, e justifica comentários apartados.

A principal fonte formal a ser consultada é a Lei n. 6.880/1980 (Estatuto dos Militares).

Princípio da universalização

Quando se analisa a previdência social dos militares, vem à tona a questão de saber se eles estão à margem de um sistema protetivo universal e único.

Está praticamente assentado que, diante das peculiaridades das funções exercidas e das condições de trabalho, sem falar nas restrições a que se submetem, eles devem manter-se com um regime próprio obrigatório, contributivo, com os mesmos direitos gerais dos demais trabalhadores.

Nesse sentido, tem cabimento a aposentadoria por tempo de serviço militar aos 30 anos e uma aposentadoria especial para certas categorias aos 25 anos de trabalho especial.

Distinção necessária

De regra, a aposentadoria dos militares, reformados ou após a passagem para a reserva remunerada, não é uma aposentadoria especial como a que se vê disciplinada no art. 40, § 4º, I/III, da Constituição Federal e também não se identifica com os arts. 57/58 do PBPS.

Geralmente, em princípio, eles não se expõem aos agentes nocivos físicos, químicos e biológicos, mas aos próprios perigos da carreira castrense e, por isso, experimentam legislação distinta.

Os militares da União, dos Estados, do DF e dos Municípios são regidos por normas próprias, que poderiam ser designadas como de legislação específica, como é a dos ex-combatentes.

Cada um dos ordenamentos da República contempla regras específicas para Forças Armadas da União, Polícias Militares dos Estados e Guardas Municipais.

Com vistas à aposentadoria especial do servidor (e também a do trabalhador), o que releva é a possibilidade da contagem recíproca do tempo de serviço militar e da conversão desse tempo para o comum.

Polícia Militar

Vale lembrar que tem uma multiplicidade de legislações, nomenclaturas e critérios em cada um dos Municípios ou Estados, há muito tempo reclamando uma norma nacional uniforme de superdireito.

De regra, a aposentadoria específica da Polícia Militar se dá aos 20 + 10 = 30 anos de serviço, 20 anos como militar e 10 anos comuns. Consta que, com a PLC n. 554/2010, passaria a exigir 25 anos na polícia e 5 anos na iniciativa privada, mantendo-se os mesmos 30 anos.

Estas polícias militares, ocupadas, principalmente, com a segurança pública (principal contingente), desdobram-se ainda na Polícia Rodoviária, na Guarda Florestal, na Polícia Feminina e no Corpo de Bombeiros.

Neste último grupamento, o dos Soldados do Fogo, é bastante evidente a presença da periculosidade a que se expõem com o seu trabalho diuturno e a semelhança com a aposentadoria especial do RGPS. Numa empresa privada, quem faz esse serviço de combate ao fogo é vítima de todos os riscos inerentes à profissão.

Conversão do tempo de serviço

Questão que merece considerações por parte da lei complementar referida no art. 40, § 4º, da Carta Magna diz respeito à situação do militar que deixou a carreira policial e ingressou no serviço público civil ou na iniciativa privada.

Quanto ao cômputo do tempo de serviço, não existe qualquer dúvida de que ele opera por meio da contagem recíproca de tempo de serviço. O que se pretende é a regulamentação de eventual conversão do tempo de militar (principalmente, se é do tipo que aposenta o servidor aos 25 anos) para poder ser adicionado ao comum.

Parece correto que haja essa conversão na medida da exposição aos agentes deletérios da saúde ou da integridade física; esse risco tem de ser compensado.

Médicos e enfermeiros

Médicos, enfermeiros e outros profissionais da saúde que pertencem ao quadro dos servidores militares, a exemplo dos seus colegas da iniciativa privada e do serviço público civil, correm os mesmos riscos da sujeição aos agentes nocivos biológicos, justificando uma aposentadoria especial aos 25 anos.

Professor militar

O militar que leciona nos colégios militares, além de militar, é professor, e costuma ser distinguido com legislação própria, permitida a acumulação de cargos (CF, art. 37, XVI).

ANÁLISE PERICIAL Capítulo 53

Uma vez protocolado o pedido e iniciado o procedimento de instrução da concessão da aposentadoria especial, a área de benefícios do RPPS o autuará e tomará as primeiras providências relativas à parte formal da instrução, aquelas que não dizem respeito à exposição aos agentes nocivos (tempo de serviço, tempo de serviço público, tempo no cargo, etc.).

Em seguida, encaminhará o processo para apreciação em matéria de higiene, medicina e segurança do trabalho.

O próximo passo administrativo da instrução é o exame pericial dos comprovantes da exposição aos agentes nocivos.

Titularidade do examinador

Somente um médico perito ou engenheiro de segurança pertencente aos quadros do RPPS tem competência para essa apreciação. Se julgar necessário, convocará médicos do trabalho contratados para esse fim, ouvirá técnicos em doenças ocupacionais, solicitará pareceres técnicos de especialistas na matéria, enfim, reunião de toda a informação científica sobre o cenário laboral contido no processo.

Perfil profissiográfico

Por não se tratar de um documento científico, o PPP não interessa muito à perícia médica, ainda que possa suscitar dúvidas.

Laudo Técnico

Em particular, examinará os aspectos formais, materiais e institucionais do LTCAT (verificar se é autêntico, idôneo, atualizado, se está firmado e por quem).

Se for o caso, emitirá requisição e diligência junto ao órgão público, podendo ele próprio assumir essa perícia médica *in loco*.

Resultado da análise

Diante de sua perícia, acabará por concluir três soluções: a) indeferimento da pretensão ao benefício; b) reconhecimento de insalubridade, penosidade ou periculosidade; e c) baixará os autos em diligência para complementação das informações.

Questões jurídicas

Questões jurídicas envolvidas com a instrução do requerimento não dizem respeito ao ato médico praticado pelo médico perito.

Conclusão final

Em ato médico pessoal, intransferível, ao final, despachará os autos com parecer conclusivo, imperativo, fundamentando, não hesitante nem lacunoso, sobre a presença deletéria ou não dos agentes nocivos, manifestando-se sobre os efeitos da utilização de EPI, EPR ou EPC informados nos documentos considerados.

REVISÃO DO BENEFÍCIO   Capítulo 54

Em algumas hipóteses, o RPPS pode rever a concessão ou a manutenção da aposentadoria especial (como tem permissão para fazê-lo em qualquer caso).

A esse respeito, diz Súmula STF n. 346: "A Administração Pública pode declarar a nulidade dos seus próprios atos".

Este, talvez, seja o mais sintético enunciado de súmula dos tribunais superiores e, a despeito de sua obviedade, um dos mais importantes na medida em que afirma uma realidade jurídica, nem sempre bem compreendida.

Com certeza quis dizer que serão os próprios atos e não os atos próprios; estes últimos não podem ser revistos.

A complexidade do mundo moderno e a infinidade de situações fáticas, disposições jurídicas e outros elementos do dia a dia conduzem a enorme possibilidade de ocorrência de erros.

Autoridade competente

De regra, a autoridade que praticou o ato a ser anulado é competente para desfazê-lo. Se um órgão do RPPS equivocou-se, ele desfará o equívoco. Eventualmente, apurando responsabilidades pessoais dos servidores.

Ação da anulação

Quando a súmula fala em declarar a anulação, ela está dizendo que a Administração Pública desfruta do poder de anular. A declaração é apenas o instrumento dessa desconstituição de algum ato praticado indevidamente.

Diz o art. 53 da Lei 9.784/1999: "A Administração deve anular seus próprios atos, quando eivados de vício de legalidade, e pode revogá-los por motivo de conveniência ou oportunidade, respeitados os direitos adquiridos". Não há opção, o dever é vinculado.

Fundamentação legal

Um ato, até então, entendido como perfeito só será anulado se subsistente, objetiva e precisa justificativa real para isso. Quem anula carece indicar o fundamento de sua decisão com a mesma preocupação, ou maior, daquele que praticou o ato indevido.

O art. 50, I/VIII, da Lei n. 9.784/1999 trabalha com oito hipóteses relativas à motivação a serem indicadas no texto da revisão.

Atos revistos

Abstraindo a decadência e a prescrição, a maioria dos atos padece de revisão, menos aqueles protegidos pelo instituto da coisa julgada, direito adquirido. Não tem sentido falar em revisão do ato jurídico perfeito, exceto a favor do titular do direito, como é o caso da desaposentação.

Concedido um benefício equivocadamente dentro do prazo legal, a prestação pode ser reexaminada, mas a conclusão derivada de sentença judicial transitada em julgado e da qual não caiba ação rescisória, o erro será mantido em respeito ao art. 5º, XXXVI, da Constituição Federal.

Efeitos supervenientes

Se o RPPS revê o ato de concessão de um benefício em manutenção há algum tempo, tal decisão causará desdobramentos para o servidor jubilado. Quando o requerente não der causa para a anulação e o desfazimento do deferimento deve-se a erro material ou jurídico praticado pelo órgão gestor, certamente sobrevirão consequências na órbita previdenciária e fora dela (mudanças na vida do servidor, afastamento da repartição, assunção de compromissos, empréstimos consignados, etc.).

Revisão da anulação

Embora seja possivelmente rara a hipótese, até porque o processo de anulação tem de ser cercado de mais cuidados que o do ato revisto, a busca da verdade material administrativa exige que a anulação seja revista se ela fora imprópria. Tecnicamente, nada impede a revisão de revisão restabelecendo-se o *status quo ante* se a ele corresponder a realidade jurídica.

Contestação da decisão

Supondo-se que a revisão operada contrarie o direito que julga deter, o interessado poderá opor-se a anulação recorrendo dessa decisão.

Dano moral

Caso a anulação de um ato tenha causado dano ou prejuízo ao servidor, ele poderá pensar no dano moral. Da mesma forma, se condenada, a Administração Pública poderá tentar recuperar o valor da condenação se demonstrar a culpa do servidor que deu causa ao processo de indenização.

Revisão de débito

Não é rara, em face de recurso tempestivo, a revisão de débito, se pago indevidamente, sobrevir a restituição do que foi recolhido (Súmula do Tribunal de Alçada Civil do Estado de São Paulo n. 25).

Dever do órgão gestor

De acordo com a lei, constatada irregularidade no ato praticado pelo RPPS, ele tem prazo para rever o ato. O art. 54 da Lei n. 9.784/1999 fala em cinco anos. No seu texto, está implícito que, se houve má-fé, que não define, não há prazo para a revisão.

Capítulo 55   PRESTAÇÃO COMPLEMENTAR

A complementação da aposentadoria especial por parte da EFPC pública não apresenta particularidades maiores que a dos demais benefícios, exceto no respeitante a regulamentação específica de cada Regulamento Básico dos RPPS e a aplicação ou não da dependência em relação ao benefício do RPGS.

Possivelmente, a EFPC pública agirá próxima e em estreita cooperação com o RPPS devedor da parte básica da aposentadoria especial.

Subsidiaridade da técnica

Por força da subsidiaridade histórica institucional do segmento fechado em relação ao da previdência básica, observadas as prescrições particulares inerentes (*v. g.*, limite mínimo de idade, tempo de serviço no serviço público e de participação na entidade, etc.), subsiste o direito à suplementação ou complementação no fundo fechado de pensão do servidor, em relação à concessão da aposentadoria especial por parte do RPPS.

Especificidade do benefício

Nesse sistema, o benefício assume algumas características distintas da previdência básica, embora, em muitos casos, se não adaptado o Regulamento Básico à LC n. 109/2001, ainda dependa corolariamente deles.

Essas prescrições internas reservam-se à faculdade de, no bojo do contrato institucional de adesão, celebrado com o participante, fixar cláusulas específicas, entre as quais o limite mínimo de idade, sobre a conversão de tempo de serviço e como se opera a prova da exposição aos agentes insalubres sucedidos fora do serviço público.

Nada impede que a convenção disponha sobre a penosidade e a periculosidade, atividades que deixaram de ser protegidas pelo RGPS.

Dependência do RPPS

Em razão da dita subsidiaridade, a EFPC aguardará a concessão do benefício estatal, mas a liberdade contratual não impede que sejam estabelecidas normas próprias em relação à caracterização desse direito complementar, isto é, referentes à definição dos riscos ambientais.

Por exemplo, adotar critério distinto do INSS no pertinente ao exame das situações fáticas e à avaliação do seu próprio PPP ou LTCAT que, à evidência, dirá as atividades exercidas fora da repartição pública.

Validade do convencionado

As cláusulas pactuadas com o participante têm validade e eficácia jurídica. Não conflitam com a complementaridade do sistema, perfilhando os preceitos da livre contratação. Pode dar-se de o RPPS reconhecer um período como especial e a entidade pública não acolhê-lo ou ocorrer o contrário.

Requisitos próprios

A aposentadoria especial precisa adotar requisitos próprios, mesmo na hipótese de o Regulamento Básico, como preceito filosófico, adotar a política de subsidiaridade do benefício complementar ao básico. O ideal é a total independência entre os dois segmentos.

Assim, carece de:

a) eleição própria de relação de atividades de risco ou ambientes de trabalho hostis, referente aos locais de execução laboral, em que possível o benefício;

b) definição de tempo de serviço mínimo, que tem sido normalmente de 25 anos, compatível com os agentes nocivos presentes nos sítios laborais;

c) limite mínimo de idade para o homem e para a mulher;

d) regra de conversão de tempo de serviço especial em comum;

e) fontes de custeio atuarialmente apropriadas (patronais e pessoais);

f) percentual mínimo e máximo aplicáveis ao salário de benefício;

g) regra sobre a volta ao trabalho do percipiente do benefício estatal e complementar;

h) manutenção da proteção à periculosidade e penosidade, etc.

Persuasão das condições

Se o servidor prestou serviços insalubres apenas na repartição, a prova da atividade especial restará distinta daquela que é operada junto do RPPS ou mesmo a que carece de ser formulada em relação a outras empresas. Se a repartição fornece o PPP e outros documentos para os empregados apresentarem ao RPPS com vistas à aposentadoria especial, não poderá se furtar a eles em relação à EFPC que patrocina.

Ambiente de terceiros

Os critérios próprios da entidade fechada em relação aos períodos de trabalho especial realizado fora da repartição não podem ser distintos do que se adota para os executados em sua planta, nem destoar muito da disciplina do RPPS, sob pena de se criar uma multiplicidade infindável de critérios. Não está impedida de criar a sua própria perícia médica, que, como o INSS, irá examinar a documentação apresentada pelo participante.

Papéis solicitados

Além dos próprios da EFPC pública, o PPP e o LTCAT alçaram um papel distinto e mais amplo, e tem objetivo superior ao dos documentos que ele substituiu. O que, em parte, explicará muitas divergências trazidas pela inovação.

Simplificação das exigências

Em respeito à ampla defesa e ao contraditório, a prova a ser realizada ao fundo de pensão, em se tratando de períodos de trabalho realizados na repartição, pode ser simplificada, dada as relações entre ambas, sem prejuízo do direito do participante.

Limite de idade

Não há na LC n. 109/2001 menção a limite de idade, impondo-a ou vedando-a em matéria de complementação de benefícios, menos ainda no que diz respeito à aposentadoria especial.

No RGPS, inexiste essa exigência legal, prevista apenas para a aposentadoria por tempo de contribuição, decorrente da EC n. 20/1998. Significa que um Regulamento Básico poderá instituir a idade mínima ou não, dependendo da convenção entre as partes.

IMPOSTO DE RENDA Capítulo 56

A percepção mensal da aposentadoria especial por parte do servidor está sujeita à legislação do Imposto de Renda, convindo consultar a Lei n. 9.250/1995 e o Decreto n. 3.000/1999 (RIR). De modo geral, inexistem muitas particularidades, exceto se o jubilado tiver mais de 65 anos ou for portador de enfermidade grave ou incurável (Lei n. 7.713/1988). Convindo ver o art. 186, § 1º, do ESPCU.

Faixa da isenção

No ano de 2010, quem recebeu até R$ 1.434,59 esteve dispensado da contribuição na Declaração de Ajuste Anual. Consta que o Senado Federal aprovou a isenção a partir dos R$ 1.434,59, para quem tenha mais de 60 anos de idade, caso a "renda total seja constituída, exclusivamente, de rendimentos do trabalho" (CF, art. 153, § 2º, II, revogado pela EC n. 20/1998).

Direito dos Idosos

Os aposentados com mais de 65 anos têm uma parcela dos proventos dispensada da tributação (CF, art. 153, § 2º, II, revogado). O total da isenção mensal é de R$ 1.434,59 e o anual é de R$ 18.694,07.

Kiyoshi Harada afirma que o art. 17 da EC n. 20/1998 não tem validade quando revoga este dispositivo, por se tratar de uma cláusula pétrea prevista no art. 60, § 4º, IV, da Carta Magna (Imposto sobre a Renda dos aposentados e pensionistas com mais de 65 anos, disponível no *site* da Jus Navigandi: <http://jus.uol.com.br/revista/texto/1371>.).

Doenças graves

Apresentando um laudo pericial emitido por médico oficial da União, Estados, DF ou Municípios, afirmando que o interessado foi acometido de doenças graves, casos de tuberculose, esclerose múltipla, cegueira, hanseníase, cardiopatia, aids, câncer, poliradiculoneurite e Mal de Parkinson, está dispensando a contribuição (art. 30 da Lei n. 9.250/1995).

Alíquotas em 2010

Em 2010, as taxas foram de 7,5%, 15%, 22,5% e 27,5% e o desconto máximo de R$ 692,78 para valores acima de R$ 3.743,19.

Capítulo 57 — TRIBUNAL DE CONTAS

O Tribunal de Contas do Município de São Paulo, do Rio de Janeiro e do DF, os tribunais de contas dos Estados e o Tribunal de Contas da União, são órgãos auxiliares do Congresso Nacional na atribuição da fiscalização contábil, financeira, orçamentária, operacional e patrimonial da Administração Pública de cada unidade da República.

O Tribunal de Contas da União tem previsão expressa nos arts. 70/75 da Carta Magna e é regulado pela Lei n. 8.443/1992.

Para fins de registro e homologação, ele tem competência para apreciar as "aposentadorias, reformas e pensões" (art. 71, III).

Suas atribuições não escapam de alguma controvérsia. Segundo a Súmula TCU n. 256: "Não se exige a observância do contraditório e da ampla defesa na apreciação da legalidade do ato de concessão inicial de aposentadoria, reforma e pensão e de ato de alteração posterior concessivo de melhoria que altere os fundamentos legais do ato inicial já registrado pelo TCU".

Quer dizer, a análise do tribunal é unilateral.

Por outro lado, diz Súmula Vinculante STF n. 3: "Nos processos perante o Tribunal de Contas da União asseguram-se o contraditório e a ampla defesa quando da decisão puder resultar anulação ou revogação de ato administrativo que beneficie o interessado, excetuada a apreciação da legalidade do ato de concessão inicial de aposentadoria, reforma e pensão" (vigência em 6.6.2007).

Assim, a aposentadoria especial submete-se ao crivo do Tribunal de Contas e ali pode não ser registrada nem homologada. Mas, uma vez acolhida, qualquer revisão terá de observar o devido processo legal.

ON MPOG N. 6/2010 — Capítulo 58

Com a redação da EC n. 47/2005, o art. 40, § 4º, III, da Constituição Federal de 5.10.88, tem-se que a aposentadoria especial do servidor "cujas atividades sejam exercidas sob condições especiais que prejudiquem a saúde ou a integridade física" deveria ser disciplinada por lei complementar.

Servidores federais da União ingressaram em juízo com Mandado de Injunção no STF. Em virtude disso, bem como dos demais ingressados por diversas classes de servidores públicos, a Secretaria de Recursos Humanos do Ministério de Planejamento, Orçamento e Gestão, da Presidência da República emitiu a ON MPOG n. 6, de 21 de junho de 2010, no estrito âmbito do Sistema de Pessoal Civil da União (SIPEC), regrando a concessão da aposentadoria especial.

A ON n. 6/2010 abrange os servidores públicos federais referidos no ESPCU abrangidos pela sentença do STF: "garantir aos *filiados* à entidade sindical ora impetrante, o direito de ter os seus pedidos de aposentadoria especial *analisados*, pela autoridade administrativa competente, à luz do art. 57 da Lei n. 8.213/1991" (grifamos).

As regulações baixadas pela Administração Pública obrigam os administradores e, quando observam o Estatuto Maior do País, cumprem as leis complementares ou ordinárias e os decretos oriundos da Presidência da República, no seu estrito âmbito, elas têm força de lei. Se não conflitam com preceitos superiores, no seu *habitat* natural, devem ser cumpridas pelos órgãos da Administração Pública direta e indireta.

Todas as repartições da União e o RPPS dos servidores públicos federais devem obediência aos seus termos, se eles não forem inconstitucionais nem ilegais. E alguns são.

Não esgotando a sua matéria, deixando de perfilhar o comando constitucional ou, *in casu,* não atendendo o *decisum* de uma sentença judicial, máxime provinda do STF, elas são inexistentes e sem qualquer eficácia.

A ON tratou da concessão da aposentadoria especial (arts. 2º/8º), do tempo especial e da conversão do tempo especial para o comum (arts. 9º/10).

Fez porque o PBPS de longa data prevê essas figuras legais e esse plano de Benefícios do RGPS é uma referência da norma constitucional para os vários institutos técnicos da previdência social brasileira.

Por conseguinte, admitiu a possibilidade do servidor que exerceu atividades de risco por menos de 25 anos converter o período de trabalho conforme os mesmos fatores do art. 57, § 5º, do PBPS, mencionados no art. 70 do atual RPS, para todos os fins da aposentadoria por tempo de contribuição de que trata o art. 40, § 3º, III, a/b, da Carta Magna.

A contagem recíproca de tempo de serviço significa a adição de tempos prestados na iniciativa privada que filiam os segurados ao RGPS num dos RPPS ou oferecidos ao serviço público para o RGPS (PBPS, arts. 94/99), observada a reciprocidade de tratamento e o acerto de contas a que alude a Lei n. 9.676/1999.

A ON não tratou deste tema e isso não significa limitação do direito dos servidores. A mencionada contagem recíproca de tempo de serviço é instituto técnico constitucional previsto nos § 9º do seu art. 40, este último ditando: "O tempo de contribuição federal, estadual ou municipal será contado para efeito de aposentadoria e o tempo de serviço correspondente para efeito de disponibilidade".

Quando trata de contagem recíproca a norma não especifica para qual benefício, destarte, abrangendo todos eles, inclusive a aposentadoria especial.

Não existe determinação constitucional ou legal limitadora do regime em que se opera a conversão do tempo de serviço, portanto, tempos especiais realizados fora do ESPCU podem ser acumulados com os exercitados como estatutários na União.

Possivelmente, porque esse Mandado de Injunção tratou dos Auditores Fiscais, o MPOG descurou-se dos limites de tolerância, abaixo dos quais não subsistiria a aposentadoria especial.

As NRs, de que tratam a Lei n. 6.514/1977 e a Portaria MTPS n. 3.214/1978 e todos os conhecimentos da medicina, higiene e segurança do trabalho, não podem ser desprezadas na análise de um pedido desse benefício.

Temos entendido que, caso um médico do trabalho declare que o segurado se expôs aos agentes nocivos e pôs em risco a saúde, não importarão os níveis de tolerância (*Aposentadoria Especial em 920 Perguntas e Respostas*. 5. ed. São Paulo: LTr, 2000).

A norma ora cogitada também não abordou o uso de equipamentos de proteção individual ou coletiva. Significa dizer, o uso de tecnologia ou sua ausência não inibe o direito.

Paridade entre vencimentos e proventos

A ON não tinha competência para tratar da paridade, que é tema constitucional disciplinado nas EC ns. 20/1998, 41/2003 e 47/2005.

Em cada caso, e conforme os períodos de vigência precedente à data-base 16.12.1998 e subsequentemente, subsiste o direito à paridade plena, transitória, mitigada e até inexistente (*Reforma da Previdência dos Servidores*. São Paulo: LTr, 2004. p. 159).

De modo geral, diante da complexidade das hipóteses, os tipos de paridade são:

I) Paridade anterior às mudanças — Quem tinha direito adquirido até 16.12.1998 (art. 3º, § 3º, da EC n. 20/1998).

II) Paridade plena — São quatro hipóteses: 1) quem entrou antes de 16.12.98 (art. 3º, parágrafo único, da EC n. 47/2005); 2) quem tinha direito adquirido em 31.12.2003 (art. 3º da EC n. 41/2003); 3) quem atendeu ao art. 6º da EC n. 41/2003 (parágrafo único desse art. 6º); 4) art. 7º da EC n. 41/2003.

III) Regra permanente — Aplicação do INPC (art. 40, § 8º), para quem entrou após 31.12.2003 e também para quem atender o disposto no art. 2º da EC n. 41/2003 (art. 2º, § 6º).

A ON n. 6/2010 inovou em relação ao ESPCU e deveria ter perfilhado os diferentes ditames, entre os quais as sete licenças do art. 81, I/VII.

Lembrando o que diz o art. 40, § 12, da Carta Magna, será preciso considerar que os períodos de auxílio-doença decorrentes do período especial (leia-se licenças remuneradas do servidor), são computados como especiais.

Tempos atrás, rezava o vetusto Prejulgado MTPS n. 37, *d*: "É considerado tempo de trabalho, para os efeitos da aposentadoria especial, aquele em que o segurado tenha estado em gozo de auxílio-doença ou aposentadoria por invalidez, desde que concedidos esses benefícios como consequência do exercício de atividades consideradas penosas, insalubres ou perigosas".

Menção ao art. 58

O art. 58 do PBPS menciona a relação dos agentes nocivos, como se processará a comprovação da sua exposição, e deveres da empresa (laudo técnico e perfil profissiográfico previdenciário).

Com exceção da lista dos agentes nocivos, atribuída ao Poder Executivo, que diz respeito diretamente ao direito dos servidores, as demais exigências não interferem na definição do benefício. Equivocou-se o STF ao limitar a remissão do art. 40, § 12, apenas e tão somente ao art. 57 do PBPS.

Diz o art. 5º da ON n. 6/2010: "O efeito financeiro decorrente do benefício terá início na data da publicação do ato concessório de aposentadoria no Diário Oficial da União, e serão vedados quaisquer pagamentos retroativos a título de proventos".

Uma ordem ditada para o administrador do regime próprio de previdência social federal, assevera o ESPCU que a Data do Início do Pagamento de uma aposentadoria é a data da publicação no Diário Oficial da União e não por ocasião do cumprimento dos requisitos.

Essa questão está aberta doutrinariamente, julgando-se que ela vá de encontro ao princípio do direito adquirido e, como tal, então, seria inconstitucional.

O direito à aposentadoria especial não emergiu com a ON n. 6/2010; ele nasceu de previsão do Estatuto Superior e adquiriu aplicabilidade em face da existência constitucional do Mandado de Injunção, nesse sentido, não sendo relevante não ter sido regulamentada *oportune tempore*.

Os atos jurídicos disciplinadores postados abaixo da Lei Maior apenas declaram, sem constituir o direito pré-existente e contemplado nessa Lei Maior.

Nestas condições, invoca-se o espírito da Súmula STF n. 359, a qual dispensa o exercício do direito (requerimento do benefício) como elemento componente do próprio direito.

Uma vez preenchidos os requisitos legais, a qualquer momento, o titular pode solicitar a prestação previdenciária e, em cada caso, fixando-se a data do início conforme disposto na lei.

Acautele-se: *in fine* do dispositivo não obsta a percepção de atrasados na hipótese de a DIB iniciar-se na data do DOU, se, por qualquer motivo, a Administração Pública demorar-se para começar os pagamentos.

Trabalho intermitente

A menção a intermitência do serviço com características de especial, no que diz respeito ao PBPS como excludente da pretensão jurídica, vem sendo discutida no Direito Previdenciário de longa data, principalmente quando se consideram os agravos que ofendem a saúde ou a integridade física do trabalhador. O trabalho intermitente pode produzir as doenças ocupacionais tanto quanto o permanente.

Isso é mais verdade, caso se cogite da figura da periculosidade, em que o risco se transforma num sinistro quando da prática de apenas um ato inseguro.

A referência do art. 2º da ON n. 6/2010 reabrirá discussões em torno desse assunto, obrigando os interessados a convencerem a Administração Pública (diferentemente do que sucede com a aposentadoria por invalidez, que reclama o sinistro) de que basta o risco à saúde ou à integridade física do servidor durante os 25 anos de atividade para que o benefício se imponha.

QUESTÕES JURÍDICAS   Capítulo 59

A relação jurídica previdenciária deflagrada pela aposentadoria especial do servidor suscita variadas questões jurídicas gerais que justificam pequenas incursões, na tentativa de completar o estudo sobre esse benefício.

Normas de superdireito

Enquanto os regimes de previdência social (dos servidores, dos militares, dos parlamentares e dos trabalhadores) continuarem ilhados e regidos constitucional e legalmente apartados, não é cumprido o princípio da universalidade da previdência social.

Levando em conta a existência de milhares de RPPS, principalmente a dos municípios, é altamente provável que a regulamentação dos benefícios não reste universalizada como é desejável.

Servidores iguais, legalmente, se tornam desiguais em razão da norma jurídica.

No que diz respeito à aposentadoria especial, uma prestação de disciplina técnica e que envolve aspectos específicos da higiene, medicina e segurança do trabalho, essa falta de uniformização, com certeza, conduzirá às irregularidades, injustiças e impropriedades.

Quando envolver a contagem recíproca de tempo de serviço, que relaciona dois ou mais regimes de previdência social, serão agudizados os desencontros legislativos.

Nestas condições, importa que haja uma norma federal nacional, preferivelmente por intermédio de lei complementar, como é exemplo a Lei n. 9.717/1998 sobre os RPPS, que regula a concessão desse benefício.

Evidentemente, ela terá de levar em conta particularidades dos diferentes ambientes de trabalho como hospitais, forças armadas, polícias civis e militares, trabalho nas fronteiras e condições especiais.

Ausência de regime próprio

Cerca de 3.000 municípios não criaram o regime próprio de que trata a Lei n. 9.717/1998. Nesse caso, por força do PBPS, a filiação dos seus servidores se dá no RGPS do INSS.

Os servidores expostos aos agentes nocivos que cumprem as determinações dos arts. 57/58 do PBPS, mesmo sem lei complementar disciplinadora ou sentença em mandado de injunção, farão jus à aposentadoria especial.

Alcance da Constituição

Tanto o art. 40, § 4º, I/III, quanto o art. 201, § 1º, o certo é que a Carta Magna alude a uma contingência mais ampla que a do RGPS. O inciso II do art. 40 fala na periculosidade e o III, um gênero, incluindo essa mesma periculosidade, a penosidade e a insalubridade. O art. 201, § 1º, adota o mesmo gênero, falando em "condições especiais que prejudiquem a saúde ou a integridade física".

Comparando-se com o RGPS, é evidente que a Carta Magna propicia mais do que a lei básica da previdência social, que se concentrou na insalubridade.

À evidência, mediante o Mandado de Injunção, aqueles que têm a saúde ou a integridade física ameaçada por força de atividades penosas ou perigosas também têm direito à aposentadoria especial.

Quando da LC mencionada, nos arts. 40 e 201, que poderá ser uma por uma em face da universalidade da previdência social, importa aclarar-se exaustivamente quais são os agentes nocivos deletérios, com menção expressa aos agentes ergométricos e psicológicos, e, em particular, a inclusão da penosidade e da periculosidade. O art. 40, § 12, não autoriza o aplicador da norma constitucional a restringir a insalubridade.

Rigorosamente, uma vez disciplinada a matéria, se a pessoa autorizada (médico do trabalho ou engenheiro de segurança) afirmar que a pessoa, servidor ou trabalhador, parlamentar ou militar, correu o risco, deve ter a aposentadoria especial, qualquer que seja a natureza da atividade ou do perigo.

Ausência do Mandado de Injunção

Atualmente, enquanto não sobrevier a LC federal ou algum ente político não se decidir por elaborar a própria LC municipal ou estadual regulamentando a concessão do benefício, os servidores somente dispõem de um recurso que é o Mandado de Injunção.

O fato desse recurso, nas condições atuais, apenas cobrir aqueles que ingressaram com ação no STF, leva a uma extraordinária distorção na Administração Pública, na medida em que, quem ainda não logrou intentar esse procedimento ou se o fez e sua pretensão foi indeferida, não farão jus ao benefício convivendo com colegas que têm direito (sic).

Crê-se que uma Súmula Vinculante do STF poderia pôr fim a esse cenário surrealista, determinando que todos os servidores que preenchem os requisitos legais das normas administrativas baixadas (que acompanharem o PBPS), fazem jus ao benefício. Ainda que tal medida pudesse ser acusada de invasão do Poder Legislativo, ela resolveria o problema ora suscitado.

Exercício de atividade vedada

A despeito da vedação constitucional do art. 37, XI, ausente norma de direito, e por conta da não definição clara, objetiva e institucional da acumulação, muitos servidores estão exercendo atividades que num ou noutro momento possa não ser reconhecida como válida.

Por ora, abstraindo a questão do destino das contribuições que verteu e dos responsáveis por esse cenário, pode dar-se de a atividade ser especial e durante os 25 anos do exercício.

Imagine-se que, a final, o cargo exercido não era técnico nem científico, mas foi desenvolvido todo o tempo.

Neste caso, a Administração Pública será a responsável pela eventual irregularidade e ausente má-fé do servidor, ele deverá ser reparado por essa impropriedade, sendo certo que a concessão do benefício seria a melhor forma de indenização.

Distinção da aposentadoria por invalidez

A aposentadoria especial tem alguma semelhança, mas não se confunde com a aposentadoria por invalidez. O evento determinante (ambiente hostil à saúde ou à integridade física) até pode ser o mesmo, mas são benefícios distintos.

Sem embargo se um excluir o outro, quem está inválido não pode fazer jus à aposentadoria especial, que é própria do apto para o trabalho.

A aposentadoria especial cobre o risco do sinistro e a aposentadoria especial cobre o sinistro e estes são institutos técnicos distintos.

Esta última reclama perícia médica inicial e periódica, e a aposentadoria especial não carece de apuração da incapacidade laboral.

Os dois benefícios são de 100% do salário de benefício, mas aposentadoria por invalidez obsta a volta ao trabalho em qualquer atividade, enquanto que a aposentadoria especial apenas para a atividade insalubre. Claro que se a LC optar por dar cobertura, também, à penosidade e à periculosidade, o percipiente da aposentadoria especial não poderá voltar ao trabalho em nenhuma atividade.

Natureza do rol das atividades

Arredando a possibilidade de isso ser promovido pelo decreto, a LC que disciplinar a aposentadoria especial do servidor deverá apresentar anexo, que listem as profissões e funções em que possível o benefício.

Caso o legislador complementar seja capaz de evitar lobbies de categorias laborais articuladas, influentes e representativas, ele poderá restabelecer o direito de categoria para algumas profissões, mas o correto parece ser manter o sistema de obrigar os interessados a fazer a prova das condições inóspitas com o PPP e o LTCAT.

Uma recomendação importante é o comprometimento técnico e ético, e a assunção de responsabilidades civis, funcionais e penais em relação ao elaborador desses documentos e de quem têm o dever de apreciá-los na fase de instrução do pedido do benefício. Se for o caso, com definição de crime específico.

Substitutos, chefes e auxiliares

Às vezes, o titular de um cargo é substituído por outro servidor. No comum dos casos, essa substituição é por curto espaço de tempo, mas o certo é que, durante esse período de trabalho, se a atividade exercida pelo titular era especial, também o será a do substituto se ele exercera mesma função. *Ipso facto,* tal tempo de serviço tem de ser considerado especial.

Necessariamente, não se pode dizer o mesmo do auxiliar desse titular de uma função, porque as suas tarefas nem sempre coincidem com as do ocupante do cargo, isto é, ele necessariamente não se expõe aos agentes nocivos. Por isso, para que o tempo seja considerado computável para a aposentadoria especial, é preciso que o PPP e o LTCAT o digam sem sombra de dúvidas.

Igual destino jurídico está reservado para as funções de superior hierárquico, geralmente alguém que exerce atividade administrativa sem exposição à ação deletéria dos agentes nocivos em caráter habitual e permanente.

Competência legislativa dos entes políticos

Nos termos da Constituição Federal, os municípios, Estados e o DF têm atribuição concorrente para legislar sobre previdência social. Assim sendo, eles podem emitir a LC que discipline a concessão do benefício.

Emissão da CTC

Embora a IN SPPS n. 1/2010 silencie a respeito, todos os entes políticos e o INSS estão autorizados a emitir a Certidão de Tempo de Contribuição com conversão do tempo especial para o comum.

Competência da SPPS

Não há dúvidas que a Secretaria de Políticas da Previdência Social possa elaborar normas que alcancem os servidores públicos.

Mas pairam dúvidas se essa norma não estaria quebrando a ordem do Poder Executivo, uma vez que, aparentemente, tal atribuição deveria ser do MPOG.

NTEP

Como exemplo do que sucede com a Lei n. 11.430/2006, é preciso pensar num instituto do tipo NTEP para as repartições públicas de modo que torne possível mapear quais são os ambientes e as atividades que devam ser mais protegidas.

Conteúdo da LC

Se as autoridades governamentais da Administração Pública não quiserem ter de enfrentar os mesmos problemas, dúvidas e inconformidades com os quais o INSS conviveu desde 28.4.1995, em face das seis leis ordinárias que trataram da aposentadoria especial dos trabalhadores da iniciativa privada, conhecedores dessas dificuldades e soluções administrativas e judiciais, terão de elaborar uma verdadeira lei orgânica da aposentadoria especial. No ensejo, dispor também sobre os arts. 57/58 do PBPS.

Os principais temas poderiam ser os seguintes:

a) Conceito de aposentadoria especial e de tempo de serviço especial.

b) Possibilidade de conversão do tempo especial para o comum prestado ao serviço público e, por via da contagem recíproca, na iniciativa privada, com fixação do fator.

c) Critérios sobre permanência, habitualidade e intermitência do trabalho especial.

d) Níveis de tolerância.

e) Utilização de tecnologia de proteção.

f) Tempos de serviço considerados, agentes nocivos abrangidos e tipo de proteção (insalubridade, penosidade e periculosidade), especialmente em relação a períodos anteriores à Lei n. 6.887/1980 e serviços prestados no exterior.

g) Lista das profissões, ocupações e funções compreendidas.

h) Requisitos mínimos: qualidade de servidor, tempo de serviço mínimo nos órgãos públicos e no cargo, e desligamento do serviço público.

i) Volta ao trabalho no serviço público ou fora dele, com as consequências do descumprimento dessas normas.

j) Existência ou não de contribuição patronal.

k) Designação das pessoas tecnicamente habilitadas para a emissão do PPP e do LTCAT, no âmbito do serviço público e da terceirização privada e normas sobre a apreciação interna no órgão público do PPP e do LTCAT e sobre diligências *in loco*.

l) Conteúdo do PPP e do LTCAT hodiernos ou de documentos baseados em registros pretéritos.

m) Meios de prova admitidos, levantamento histórico ambiental, gerenciamento de riscos e mapeamento de sinistros e critérios válidos a respeito da analogia e da similitude, com decantação do significado dos adicionais trabalhistas.

n) Contagem recíproca de tempo de serviço com comando sobre conteúdo mínimo da CTC.

o) Data do Início do Benefício.

p) Validade dos documentos trabalhistas.

q) Rotina da instrução do pedido e da concessão do benefício.

r) Direito de categoria.

s) Justiça competente.

t) Direito adquirido, transformação de benefícios e desaposentação.

u) Aplicação do *tempus regit actum*.

v) Acumulação, suspensão e cancelamento quando de irregularidades na concessão, bem como normas procedimentais, em caso de indeferimento da pretensão.

w) Situação particular do professor.

x) Contribuição do inativo.

y) Cálculo da renda mensal inicial.

CONCLUSÕES FINAIS

Capítulo 60

A disciplina futura da aposentadoria especial dos servidores públicos civis, determinada por decisões do STF ou a regulação contida na lei complementar imposta pela Carta Magna, é assunto técnico complexo e que exige o comprometimento de jusprevidencialistas com experiência no RGPS e com tudo o que sucedeu nos anos 1995/2010, em razão do processo de revisão das características do benefício, iniciada pela Lei n. 9.032/1995.

Quem tiver de elaborar o Projeto de Lei Complementar tem de estar a par dos motivos que levaram os sucessivos governos desde 1988 a protelar a regulamentação da matéria. Ajuizar que a presença deletéria dos agentes nocivos não conhece limitações jurídicas ou espaciais afeta trabalhadores, servidores civis e militares, e até mesmo segurados independentes.

Lei delegada

O ideal é que essa tarefa seja cometida aos órgãos técnicos do MPS, com oitiva dos especialistas e positivação por lei delegada para não sofrer a influência dos parlamentares do Congresso Nacional.

Experiência administrativa

A proposta de lei complementar elaborada deve sopesar os equívocos administrativos cometidos no passado, as divergências doutrinárias e os enfoques jurisprudenciais dos últimos 15 anos.

Medidas preventivas

Referência expressa ao controle dos níveis de tolerância e da atenuação da tecnologia hodierna de proteção dos sítios laborais em que estiverem presentes os agentes nocivos físicos, químicos, biológicos, ergométricos e psicológicos, com sua expressão na insalubridade, na periculosidade e na penosidade.

Gerenciamento de riscos

No ensejo, disposições sobre consulta às medidas gerenciais de risco aplicadas pelas repartições públicas.

Mapeamento de sinistros

Impõe-se a existência de tabulação dos sinistros envolvendo doenças ocupacionais nos diferentes setores da repartição pública.

Significado dos adicionais

Explicitação do papel da percepção dos adicionais trabalhistas na instrução do benefício.

Natureza do benefício

Explicitar a ideia de que esse benefício dá cobertura ao risco e não ao sinistro, promovida a distinção de que a contingência protegida não é a da aposentadoria por invalidez.

Conceito mínimo

Ab initio, definir exatamente o que é a prestação, seu papel indenizatório, ou não, e em que condições excepcionais ela pode ser deferido.

Servidores abrangidos

Especificação dos servidores públicos estatutários efetivos abrangidos e dos excluídos dessa proteção, em particular, dos ocupantes de cargo de confiança ou em comissão e dos temporários.

Períodos especiais

A norma explicitará o rol das profissões, atividades e funções consideradas especiais.

Requisitos básicos

Relação dos requisitos básicos referentes à qualidade de servidor, ao tempo de serviço público, dez anos no serviço público, cinco anos no cargo e outros mais, impostos pela lei ordinária.

Múltipla atividade

Regras aplicáveis à acumulação permitida de tempos especiais e, também, em tempos comuns.

Direito de categoria

Observância ou não do período de 1960 a 28.4.1995, em relação a vigência do direito de categoria.

Lideranças sindicais

Definição quanto à aplicação da validade da Lei n. 6.643/1979 até 28.4.1995.

Data do início

Opção pela Data de Entrada do Requerimento (I), data da publicação no Diário Oficial (II) ou homologação pelo Tribunal de Contas (III) para a definição da data do início do benefício.

Habitualidade e permanência

Esclarecimento sobre o que se deve entender por habitualidade, permanência, intermitência e ocasionalidade, em face da jornada de trabalho total ou parcial e da presença do substituto, do auxiliar e do superior hierárquico.

Níveis de tolerância

Em cada caso, face aos agentes nocivos, os quais são os atuais níveis de tolerância admitidos para decantação da exposição.

Utilização de tecnologia

Papel do EPI, do EPC e do EPR realmente adotados e a diminuição da ação deletéria dos agentes nocivos.

Documentos básicos

Definição dos documentos básicos trabalhistas e previdenciários, comprobatórios da exposição, hodiernos e pretéritos, pertencentes da Administração Pública e fora dela e, na sua ausência, daqueles emitidos por terceiros que possam se prestar para a decantação do direito.

Documentos exigidos

Definição dos documentos que devem acompanhar o requerimento do benefício.

PPP e LTCAT

Especificação do conteúdo do PPP e do LTCAT e de quem pode emiti-lo e apreciá-lo.

Renda inicial

Definição do período básico de cálculo, dos salários de contribuição, média das 80% maiores remunerações, valores mínimos e máximos da renda inicial.

Contagem recíproca

Aspectos como contagem recíproca de tempo de serviço especial e conversão dos períodos especiais em comum devem ser enfatizados, além do acerto de contas.

Conversão do tempo especial

Apontamento do fator de conversão do tempo especial para o comum para servidores e servidoras.

Responsabilidade profissional

A responsabilidade técnica do profissional para isso habilitado, médico do trabalho, engenheiro de segurança e médico perito do RPPS, que avaliarão e opinarão conclusivamente, reclama definição clara, pois, fundamentalmente, essa decisão é que encaminhará o futuro do benefício e que decantará os servidores que fazem jus a prestação.

Provas admitidas

Os meios de prova são importantes para o encaminhamento das soluções, deve ficar perfeitamente aclarados e ponderados cada um dos instrumentos possíveis para que não tenhamos uma enxurrada de ações na Justiça Federal.

Transformação ou desaposentação

Posição da Administração Pública a respeito da transformação de benefícios e da desaposentação da aposentadoria especial.

Direito Intertemporal

Quais são as situações e exigências em relação às diferentes datas-bases.

Norma mais benéfica

Alcance dos casos hipotéticos em que se aplicaria a norma mais benéfica.

Direito adquirido

Consequências jurídicas de quem preencheu os requisitos legais em face do direito adquirido.

Direito procedimental

Com foco na Lei n. 9.784/1999, normas administrativas sobre o protocolo do pedido junto ao RPPS e os desdobramentos seguintes, no caso de indeferimento da pretensão ao benefício.

Justiça competente

Definição da Justiça Federal como a justiça competente.

Acompanhamento das ações

Daí a imperiosa necessidade de um acompanhamento pela AGU dos processos em andamento e das indicações dos magistrados e dos tribunais.

Situação do professor

Delineamento da condição atípica do professor, não confundida com a aposentadoria especial.

Pagamento de atrasados

Direito aos atrasados no caso de demora na concessão do benefício por culpa injustificada da Administração Pública.

Normas Regulamentadoras

Todo o esforço das NRs do trabalho da Lei n. 6.514/1977 tem de inspirar o elaborador da norma, aproveitando-se o ensejo para disciplinar a prevenção das doenças ocupacionais, a existência de gerenciamento de riscos e o mapeamento de sinistros, além dos levantamentos ambientais.

Remissão do art. 40, § 12

Na interpretação, alcance da remissão promovida pelo art. 40, § 12, da Carta Magna ao PBPS.

Semelhança com RGPS

Debaixo do princípio da universalidade, o benefício resultante deve guardar certa semelhança, quase identidade, com o disposto nos arts. 57/58 e toda a teoria da aposentadoria especial do serviço.

Volta ao trabalho

Reedição das regras constitucionais e legais sobre a volta ao trabalho no serviço público ou na iniciativa privada e suas consequências, caso da suspensão e do cancelamento do benefício.

Norma de superdireito

Uma lei complementar deter-se-á na imprescindibilidade do caráter de norma de superdireito, porque terá de ser aplicada pelos 5.565 Municípios, 26 Estados, Distrito Federal e União.

ADENDO

Aposentadoria Especial do servidor do INSS

Dia 23 de março de 2011 o DOU divulgou a IN INSS n. 53, de 22 de março de 2011, em que disciplinou a aposentadoria especial dos servidores do INSS beneficiados por mandados de segurança.

Essa IN regulamenta os seguintes aspectos:
- Conceito aposentadoria especial
- Comprovação do tempo especial
- Cálculo dos proventos
- Valor da renda inicial
- Inexistência de paridade
- Data do início do benefício
- Cômputo do tempo de serviço
- Abono de permanência
- Requisitos legais
- Documentos necessários
- PPP
- LTCAT
- Substitutos do LTCAT
- Análise da perícia médica
- Níveis de decibéis
- Agentes nocivos biológicos
- Enquadramento do chefe, gerente e superior
- Períodos de licenças
- Atribuições dos recursos humanos
- Conversão de tempo especial
- Acumulação ilícita de cargo
- Jornada de trabalho
- Regime jurídico da Lei n. 8.112/90

OBRAS DO AUTOR

O empresário e a previdência social. São Paulo: LTr, 1978.
Rubricas integrantes e não integrantes do salário-de-contribuição. São Paulo: LTr, 1978.
Benefícios previdenciários do trabalhador rural. São Paulo: LTr, 1984.
O contribuinte em dobro e a previdência social. São Paulo: LTr, 1984.
O trabalhador rural e a previdência social. 2. ed. São Paulo: LTr, 1985.
Legislação da previdência social rural. 2. ed. São Paulo: LTr, 1986.
O salário-base na previdência social. São Paulo: LTr, 1986.
Legislação da previdência social. 5. ed. São Paulo: LTr, 1988.
A seguridade social na Constituição Federal. 2. ed. São Paulo: LTr, 1992.
O salário-de-contribuição na Lei Básica da Previdência Social. São Paulo: LTr, 1993.
Legislação da seguridade social. 7. ed. São Paulo: LTr, 1996.
Obrigações previdenciárias na construção civil. São Paulo: LTr, 1996.
Primeiras lições de previdência complementar. São Paulo: LTr, 1996.
Propostas de mudanças na seguridade social. São Paulo: LTr, 1996.
Direito dos idosos. São Paulo: LTr, 1997.
Novas contribuições na seguridade social. São Paulo: LTr, 1997.
Curso de Direito Previdenciário. Tomo III, São Paulo: LTr, 1998.
O salário-base dos contribuintes individuais. São Paulo: LTr, 1999.
Reforma da previdência social. São Paulo: LTr, 1999.
Estatuto dos Servidores Públicos Civis da União. 2. ed. São Paulo: LTr, 2000.
Fator Previdenciário em 420 perguntas e respostas. 2. ed. São Paulo: LTr, 2001.
Pareceres selecionados de previdência complementar. São Paulo: LTr, 2001.
Curso de direito previdenciário. Tomo IV, 2. ed. São Paulo: LTr, 2002.
Prova de tempo de serviço. 3. ed. São Paulo: LTr, 2002.
Seguro-desemprego em 620 perguntas e respostas. 3. ed. São Paulo: LTr, 2002.
Comentários à Lei Básica da Previdência Complementar. São Paulo: LTr, 2003.
Curso de direito previdenciário. Tomo II, 2. ed. São Paulo: LTr, 2003.
Parecer jurídico: como solicitá-lo e elaborá-lo. São Paulo: LTr, 2003.
PPP na aposentadoria especial. 2. ed. São Paulo: LTr, 2003.

Retenção previdenciária do contribuinte individual. São Paulo: LTr, 2003.
Reforma da previdência dos servidores. São Paulo: LTr, 2004.
Comentários ao Estatuto do Idoso. 2. ed. São Paulo: LTr, 2005.
Curso de direito previdenciário. Tomo I, 3. ed. São Paulo: LTr, 2005.
Dano moral no direito previdenciário. São Paulo: LTr, 2005.
Lei Básica da Previdência Social. 7. ed. São Paulo: LTr, 2005.
Portabilidade na previdência complementar. 2. ed. São Paulo: LTr, 2005.
Auxílio-acidente. São Paulo: LTr, 2006.
Legislação previdenciária procedimental. São Paulo: LTr, 2006.
Manual prático do segurado facultativo. São Paulo: LTr, 2006.
A prova no direito previdenciário. São Paulo: LTr, 2007
Aposentadoria especial em 920 perguntas e respostas. 5. ed. São Paulo: LTr, 2007.
Curso de direito previdenciário. Tomo III, 2. ed. São Paulo: LTr, 2007.
Direito previdenciário procedimental. São Paulo: LTr, 2007
Os crimes previdenciários no Código Penal. 2. ed. São Paulo: LTr, 2007.
Previdência social para principiantes — Cartilha. 2. ed. São Paulo: LTr, 2007.
Retirada de patrocinadora. São Paulo: LTr, 2007
Prova e contraprova do nexo epidemiológico. São Paulo: LTr, 2008.
Subsídio para um modelo de previdência social para o Brasil. São Paulo: LTr, 2008.
A união homoafetiva no direito previdenciário. São Paulo: LTr, 2008.
Comentários à Lei Básica da Previdência Social. Tomo II, 8. ed. São Paulo: LTr, 2009.
Comentários ao regulamento básico da OAB Prev. São Paulo: LTr, 2009.
Curso de direito previdenciário. Tomo IV, 3. ed. São Paulo: LTr, 2009.
O estágio profissional em 1420 perguntas e respostas. São Paulo: LTr, 2009.
Os deficientes no direito previdenciário. São Paulo: LTr, 2009.
Prova e contraprova do nexo epidemiológico. 2. ed. São Paulo: LTr, 2009.
Direito adquirido na previdência social. 3. ed. São Paulo: LTr, 2010.
Obrigações previdenciárias do contribuinte individual. 2 ed. São Paulo: LTr, 2010.
Curso de direito previdenciário. 3. ed. São Paulo: LTr, 2010.
Aposentadoria especial. 5. ed. São Paulo: LTr, 2010.
Comentários à lei da carteira de advogados. São Paulo: LTr, 2010.
Direito elementar dos presos. São Paulo: LTr, 2010.
Comentários à lei básica da Previdência Social. Tomo I, 7. ed. São Paulo: 2010.
Desaposentação. 3. ed. São Paulo: LTr, 2010.
Princípios de Direito Previdenciário. 5. ed. São Paulo: LTr, 2011.

Em coautoria:
Temas — Administrativo Social. 1988.
Contribuições sociais — Questões polêmicas. Dialética, 1995.

Noções atuais de direito do trabalho. São Paulo: LTr, 1995.

Contribuições sociais — Questões atuais. Dialética, 1996.

Manual dos direitos do trabalhador. 3. ed. Editora do Autor, 1996.

Legislação da previdência social. Rede Brasil, 1997.

Processo administrativo fiscal. 2. v. Dialética, 1997.

Dez anos de contribuição. Editora Celso Bastos, 1998.

Estudos ao direito. Homenagem a Washington Luiz da Trindade. São Paulo: LTr, 1998.

Introdução ao direito previdenciário. LTr-ANPREV, 1998.

Perspectivas atuais do direito, 1998.

Processo administrativo fiscal. 3. v., 1998.

Temas administrativo social. 1988.

Temas atuais de previdência social — Homenagem a Celso Barroso Leite. São Paulo: LTr, 1998.

Contribuição previdenciária. Dialética, 1999.

A previdência social hoje. LTr, 2005.

Temas atuais de direito do trabalho e direito previdenciário rural — Homenagem a Antenor Pelegrino. São Paulo: LTr, 2006.

Não jurídicos:

O tesouro da Ilha Jacaré. São Paulo: Editora CEJA, 2001.

Manual do pseudo intelectual. São Paulo: Editora Apanova, 2002.

Contando com o vento. São Paulo: Editora Apanova, 2003.

Estórias do Zé Novaes. São Paulo: Edição do autor, 2008.